U0515709

海上絲綢之路基本文獻叢書

薄海番域録（中）

〔清〕邵大緯 述

文物出版社

圖書在版編目（CIP）數據

薄海番域録．中 /（清）邵大緯述．-- 北京：文物出版社，2022.6
（海上絲綢之路基本文獻叢書）
ISBN 978-7-5010-7537-9

Ⅰ．①薄… Ⅱ．①邵… Ⅲ．①歷史地理－世界 Ⅳ．① K916

中國版本圖書館 CIP 數據核字（2022）第 065606 號

海上絲綢之路基本文獻叢書

薄海番域録（中）

著　者：〔清〕邵大緯
策　划：盛世博閱（北京）文化有限責任公司

封面設計：鞏榮彪
責任編輯：劉永海
責任印製：張道奇

出版發行：文物出版社
社　址：北京市東城區東直門内北小街 2 號樓
郵　編：100007
網　址：http://www.wenwu.com
郵　箱：web@wenwu.com
經　銷：新華書店
印　刷：北京旺都印務有限公司
開　本：787mm×1092mm　1/16
印　張：15.625
版　次：2022 年 6 月第 1 版
印　次：2022 年 6 月第 1 次印刷
書　號：ISBN 978-7-5010-7537-9
定　價：98.00 圓

本書版權獨家所有，非經授權，不得複製翻印

總緒

海上絲綢之路，一般意義上是指從秦漢至鴉片戰争前中國與世界進行政治、經濟、文化交流的海上通道，主要分爲經由黄海、東海的海路最終抵達日本列島及朝鮮半島的東海航綫和以徐聞、合浦、廣州、泉州爲起點通往東南亞及印度洋地區的南海航綫。

在中國古代文獻中，最早、最詳細記載『海上絲綢之路』航綫的是東漢班固的《漢書·地理志》，詳細記載了西漢黄門譯長率領應募者入海『齎黄金雜繒而往』之事，書中所出現的地理記載與東南亞地區相關，并與實際的地理狀況基本相符。

東漢後，中國進入魏晋南北朝長達三百多年的分裂割據時期，絲路上的交往也走向低谷。這一時期的絲路交往，以法顯的西行最爲著名。法顯作爲從陸路西行到印度，再由海路回國的第一人，根據親身經歷所寫的《佛國記》（又稱《法顯傳》）一書，詳細介紹了古代中亞和印度、巴基斯坦、斯里蘭卡等地的歷史及風土人情，是瞭解和研究海陸絲綢之路的珍貴歷史資料。

隨着隋唐的統一，中國經濟重心的南移，中國與西方交通以海路爲主，海上絲綢之路進入大發展時期。廣州成爲唐朝最大的海外貿易中心，朝廷設立市舶司，專門管理海外貿易。唐代著名的地理學家賈耽（七三〇～八〇五年）的《皇華四達記》記載了從廣州通往阿拉伯地區的海上交通『廣州通夷道』，詳述了從廣州港出發，經越南、馬來半島、蘇門答臘半島至印度、錫蘭，直至波斯灣沿岸各國的航綫及沿途地區的方位、名稱、島礁、山川、民俗等。譯經大師義净西行求法，將沿途見聞寫成著作《大唐西域求法高僧傳》，詳細記載了海上絲綢之路的發展變化，是我們瞭解絲綢之路不可多得的第一手資料。

宋代的造船技術和航海技術顯著提高，指南針廣泛應用於航海，中國商船的遠航能力大大提升。北宋徐兢的《宣和奉使高麗圖經》詳細記述了船舶製造、海洋地理和往來航綫，是研究宋代海外交通史、中朝友好關係史、中朝經濟文化交流史的重要文獻。南宋趙汝適《諸蕃志》記載，南海有五十三個國家和地區與南宋通商貿易，形成了通往日本、高麗、東南亞、印度、波斯、阿拉伯等地的『海上絲綢之路』。宋代爲了加强商貿往來，於北宋神宗元豐三年（一〇八〇年）頒佈了中國歷史上第一部海洋貿易管理條例《廣州市舶條法》，并稱爲宋代貿易管理的制度範本。

元朝在經濟上採用重商主義政策，鼓勵海外貿易，中國與歐洲的聯繫與交往非常頻繁，其中馬可·波羅、伊本·白圖泰等歐洲旅行家來到中國，留下了大量的旅行記，記録元代海上絲綢之路的盛况。元代的汪大淵兩次出海，撰寫出《島夷志略》一書，記録了二百多個國名和地名，其中不少首次見於中國著録，涉及的地理範圍東至菲律賓群島，西至非洲。這些都反映了元朝時中西經濟文化交流的豐富内容。

明、清政府先後多次實施海禁政策，海上絲綢之路的貿易逐漸衰落。但是從明永樂三年至明宣德八年的二十八年裏，鄭和率船隊七下西洋，先後到達的國家多達三十多個，在進行經貿交流的同時，也極大地促進了中外文化的交流，這些都詳見於《西洋蕃國志》《星槎勝覽》《瀛涯勝覽》等典籍中。

關於海上絲綢之路的文獻記述，除上述官員、學者、求法或傳教高僧以及旅行者的著作外，自《漢書》之後，歷代正史大都列有《地理志》《四夷傳》《西域傳》《外國傳》《蠻夷傳》《屬國傳》等篇章，加上唐宋以來衆多的典制類文獻、地方史志文獻，集中反映了歷代王朝對於周邊部族、政權以及西方世界的認識，都是關於海上絲綢之路的原始史料性文獻。

海上絲綢之路概念的形成，經歷了一個演變的過程。十九世紀七十年代德國地理學家費迪南·馮·李希霍芬（Ferdinad Von Richthofen，一八三三～一九〇五），在其《中國：親身旅行和研究成果》第三卷中首次把輸出中國絲綢的東西陸路稱爲『絲綢之路』。有『歐洲漢學泰斗』之稱的法國漢學家沙畹（Édouard Chavannes，一八六五～一九一八），在其一九〇三年著作的《西突厥史料》中提出『絲路有海陸兩道』，蘊涵了海上絲綢之路最初提法。迄今發現最早正式提出『海上絲綢之路』一詞的是日本考古學家三杉隆敏，他在一九六七年出版《中國瓷器之旅：探索海上的絲綢之路》中首次使用『海上絲綢之路』一詞；一九七九年三杉隆敏又出版了《海上絲綢之路》一書，其立意和出發點局限在東西方之間的陶瓷貿易與交流史。

二十世紀八十年代以來，在海外交通史研究中，『海上絲綢之路』一詞逐漸成爲中外學術界廣泛接受的概念。根據姚楠等人研究，饒宗頤先生是華人中最早提出『海上絲綢之路』的人，他的《海道之絲路與昆侖舶》正式提出『海上絲路』的稱謂。選堂先生評價海上絲綢之路是外交、貿易和文化交流作用的通道。此後，大陸學者馮蔚然在一九七八年編寫的《航運史話》中，使用『海上絲綢之路』一詞，這是迄今學界查到的中國大陸最早使用『海上絲綢之路』的人，更多地限於航海活動領域的考察。一九八〇年北京大學陳炎教授提出『海上絲綢之路』研究，并於一九八一年發表《略論海上絲綢之路》一文。他對海上絲綢之路的理解超越以往，且帶有濃厚的愛國主義思想。陳炎教授之後，從事研究海上絲綢之路的學者越來越多，尤其沿海港口城市向聯合國申請海上絲綢之路非物質文化遺産活動，將海上絲綢之路研究推向新高潮。另外，國家把建設『絲綢之路經濟帶』和『二十一世紀海上絲綢之路』作爲對外發展方針，將這一學術課題提升爲國家願景的高度，使海上絲綢之路形成超越學術進入政經層面的熱潮。

與海上絲綢之路學的萬千氣象相對應，海上絲綢之路文獻的整理工作仍顯滯後，遠遠跟不上突飛猛進的研究進展。二〇一八年厦門大學、中山大學等單位聯合發起『海上絲綢之路文獻集成』專案，尚在醞釀當中。我們不揣淺陋，深入調查，廣泛搜集，將有關海上絲綢之路的原始史料文獻和研究文獻，分爲風俗物産、雜史筆記、海防海事、典章檔案等六個類别，彙編成《海上絲綢之路歷史文化叢書》，於二〇二〇年影印出版。此輯面市以來，深受各大圖書館及相關研究者好評。爲讓更多的讀者親近古籍文獻，我們遴選出前編中的菁華，彙編成《海上絲綢之路基本文獻叢書》，以單行本影印出版，以饗讀者，以期爲讀者展現出一幅幅中外經濟文化交流的精美畫卷，爲海上絲綢之路的研究提供歷史借鑒，爲『二十一世紀海上絲綢之路』倡議構想的實踐做好歷史的詮釋和注脚，從而達到『以史爲鑒』『古爲今用』的目的。

凡例

一、本編注重史料的珍稀性，從《海上絲綢之路歷史文化叢書》中遴選出菁華，擬出版百册單行本。

二、本編所選之文獻，其編纂的年代下限至一九四九年。

三、本編排序無嚴格定式，所選之文獻篇幅以二百餘頁爲宜，以便讀者閲讀使用。

四、本編所選文獻，每種前皆注明版本、著者。

五、本編文獻皆爲影印，原始文本掃描之後經過修復處理，仍存原式，少數文獻由於原始底本欠佳，略有模糊之處，不影響閱讀使用。

六、本編原始底本非一時一地之出版物，原書裝幀、開本多有不同，本書彙編之後，統一爲十六開右翻本。

目録

薄海番域録（中）

薄海番域録（中）

卷五至卷八

〔清〕邵大緯　述

清京都書業堂刻本

薄海番域錄

蠻部二　　山左武定邵大緯星巖氏述

彊宗部　在雲南澂江府河陽縣唐時麼些蠻居此號

彊宗部

烏蒙部　在雲南昭通府恩安縣唐時烏蒙蠻居此號

烏蒙部

謀統部　在雲南麗江府鶴慶州唐太和中蒙勸封祐

立謀統部

落蘭部　在四川寧遠府越嶲廳蒙詔時落蘭部裔河

都居此改號河都部

嵩明部　在雲南雲南府東北一百三十里嵩明州蒙氏立嵩明部于此

河納部　在雲南曲靖府陸涼州南八十里蔡村蒙詔時置陸郎縣後併于落温部

落温部　在雲南曲靖府陸涼州西昔落温部之地有城名芳華

普麽部　在雲南曲靖府南本唐悅州後爲爨所據號普麽部

普里部　在貴州安順府唐時爲羅甸國宋時爲普里
部之地

磨彌部　在雲南曲靖府漢益州南昔磨彌部酋蒙提
居此又名五勒部

師宗部　在雲南廣西州師宗縣宋時有師宗者居此
號師宗部

彌勒部　在雲南廣西州彌勒縣宋時些麽徒蠻之裔
居此號彌勒部

烏撒部　在貴州大定府威寧州宋爲烏撒部元改烏

蠻部

撒烏蒙宣慰司明改軍民府

烏蠻羅部　在雲南雲南府羅次縣唐時烏蠻羅部之所居地

盧鹿蠻部　在雲南麗江府麗江縣唐時盧鹿蠻部之所居地

蕃部　今四川雅州府舊管投降吐蕃部落七一吐蕃籠官楊矣逢東君部落六十人在蠻宿州安置吐蕃業城首領籠官劉矣本等部落在本部安置吐蕃會野首領籠官高萬唐等部落在本部安置吐蕃逋租

城首領龍官馬東煎部落在夏陽路安置吐蕃國師馬定德並龍官馬德唐部落在欠馬州安置吐蕃嘉靖州降户首領龍官劉定部落在夏陽路安置吐蕃嵬龍首領鑠羅莽部落在和州路安置已上七部落其王帥等皆夷之雄者唐貞觀中投降又清溪縣舊統制羅岩州等五十五州皆徼外生獠無州縣羈縻而已蕃部蠻夷混襍之地元無市肆每漢人與蕃人博易不使現錢漢用紬絹茶布蕃用紅椒鹽馬之類又陝西延安府靖邊縣自漢後河曲靈夏原等州有

蕃故部落後周武帝曾立六胡州于靈夏兩州界以統之唐貞觀後漸得其地永徽中又置魯麗含塞依契六州用華人爲刺史管之

狸獠　在廣西南寧府宣化縣邕州圖經狸獠有四色語各別譯而方通又在州晉縣蠻歲時于石溪口通商有馬會說文曰馬會今之獠布以竹灰爲鹽不事五味又梧州府蒼梧縣地理志南越至寧新多狸獠善爲犀渠左太冲所謂户有犀渠又云陽夷之甲以錫箔飾之雜以丹漆照燿昱晃左思所謂暘夷勃盧

又鬱林州陸川縣其先有狸獠三種言語不通偶月爲婚不知禮節

越巂獠　在四川寧遠府邛都縣本益州西南外獠秦始通五尺道漢始立爲邛都國史記自滇以北君長以十數邛都最大是也至武帝始誅且蘭邛君殺筰侯而冉駹等皆震恐仍以邛都之地爲越巂郡以郡有越巂水皆出生羌界故名後漢至宋晉皆因之不朝貢十道志魏晉以還蠻獠恃險抄竊乍服乍叛至齊夷長或來納款因爲越巂獠郡以統之俗尚骨卜

刻木爲信火葬而樂送以鼓吹爲送終

綏山獠　在嘉州今四川嘉定府隋招慰生獠于此置

綏山縣今峩眉書武成曰庸蜀羌髳微盧彭濮八孔

安國注八國皆蠻夷戎狄國名羌在西蜀髳微皆在

巴蜀今府民與夷獠錯居華人其風尙侈其俗好文

夷人椎髮跣足短衣衽酷信鬼神以竹木爲樓居不

知禮義法律不能拘

邛州獠　今四川邛州夷獠胡䄠愈于諸郡悉以石爲

樓𤇆李雄據蜀李壽從牂柯引獠入蜀境自象山以

北盡爲獠居臨卭舊縣因茲置

普州獠　今四川潼川府安岳縣李雄亂後爲獠所據梁置普慈郡于此賜羣獠金券縷書其文云今爲汝置普慈郡可率蜀子弟奉官租以時輸送

費州獠　在費州今貴州平越州餘慶縣江山阻遠久不臣服後周宣政元年信州總管龍門公裕王述招慰生獠王元殊多等歸國遂肇立爲費州因州界費水立郡名九州要記九卭之外有費州是也

瀘州獠　今四川瀘州春秋戰國時爲巴子國地無桑

麻每歲畬田刀耕火種其夷獠則與漢不同性各獷戾而又好淫祠巢居岩谷因險憑高着斑布擊銅鼓弄鞘刀男則露髮跣足女則椎髻橫居夫亡婦不歸家葬之崖穴刻木爲契刺血爲信啣寃則累代相酬乏用則鬻賣男女其習俗如此

巴州獠

今四川保寧府巴州

按四夷縣道記至李特孫壽時有羣獠十餘萬從南越入蜀漢間散居山谷因流布在此地後遂爲獠所據歷代羈縻不置郡縣至宋乃于蜀嶺南置歸化北水二縣以領獠戸歸化

郡即今理是也

鄰山獠　在渠州鄰山縣今四川綏定府大竹自晋至齊並爲夷獠所居梁大同三年于此置鄰州

昌州獠　在昌州今四川重慶府榮昌無夏風有獠風悉住叢箐懸虛搆屋號閣蘭男即蓬頭跣足女即椎髻穿耳以生處山水爲姓名以殺爲能事父母喪不立几筵唐乾元元年置昌州二年狂賊張朝等作亂爲兵火所廢大歴十年復置以鎭壓夷獠

思州獠　在思州今貴州思南府在荒徼之外蠻獠襍

居言語各異羅多者獠之姓名唐開元四年招集生
夷獠置思邛縣今印江

賓化獠　在四川重慶府南川縣按新圖經此縣民並
是夷獠露頂跣足不識州縣不會文法與諸縣戶口
不同不務蠶桑以茶蠟供輸

戎州獠　在戎州今四川敘州府其土有四族黎蒯虞
牟夷夏襍居風俗各異其蠻獠之類不識文字不知
禮教言語不通嗜欲不同椎髻跣足鑿齒穿耳衣緋
布羊皮莎草以神鬼爲徵驗以殺傷爲戲笑少壯爲

上衰老爲下男女無別山岡是居

榮州獠　在榮州今四川嘉定府榮縣夏人少蠻獠多男不巾櫛女衣斑布姓名顛倒不知禮法

彭晉獠　在陵州始建縣今四川資州井研縣有彭晉山寰宇記彭晉獠之姓也

渝州獠　在渝州今四川重慶府巴縣大凡蜀人風俗一同然邊蠻界鄉村有獠户即異也鄉俗搆屋高樹謂之閣蘭不解絲竹惟吹銅鼓視木葉以別四時父子同諱夫妻共名祀鬼以祈福也

忠州獠　今四川忠州夷獠頗類黔中正月三日拜墳墓二月二日挾酒郊外迎富除夕燃燈照先祖墓

雅州獠　今四川雅州府與邛州同邛雅之夷獠婦人娠七月而產產畢置兒向水中浮者取養沉者棄之千百無一沉者長則拔去上齒加狗牙各以爲華飾今有四牙長于諸牙而脣高者别是一種能食人無長齒者不能食俗言妖巫擊銅鼓祈禱至今蘆山縣新安鄉五百餘户即其遺人也按獠蓋南蠻之别種也初出自梁益之間自漢中達於邛筰川洞之間所

在皆有自漢中西南及越嶲以東皆有之俗多不辨姓氏又無名字往往推一酋長爲主亦不能遠相統攝父死則子繼若國之貴族也獠王各有鼓角一雙使其子弟自吹擊之按蜀本無獠李勢時諸獠始出巴西州廣漢陽安資中犍爲梓潼布出山谷十餘萬落攻破郡縣爲益州大患自桓元子破蜀之後力不能制又蜀人東流山險之地多空獠遂挾山傍谷與夏人參居參居者頗輸租税賦在深山者仍不爲編戶至梁武帝梁益二州即漢川蜀川二郡縣歲歲伐

獠以自裨潤公私頗藉爲利後魏正始初使邢巒爲
梁益二州刺史以鎮之後又立巴州以統諸獠又立
隆城鎮在管獠二十萬户所謂北獠是也魏明帝時
據城叛梁益二州討之攻陷巴州執其刺史酋帥嚴
始興斬之後入梁自此又屬梁矣後周武帝平梁益
之後逵奚武平梁尉遲迥平益今所在撫慰其與華
人雜居者亦頗從賦役然天性多暴亂旋至擾動每
歲命隨近州鎮出兵討之獲其人以充賤役謂之壓
獠焉復有商旅往來者亦資獠爲貨公卿逮于庶民

之家有獠口者多矣然其種類滋蔓保據巖壑依林走險若履平地性又無知殆同禽獸諸夷之中最難以道義招懷也依樹積木以居其上名曰干欄好相殺害多仇怨不敢遠行其丈夫稱阿謩阿段婦人阿夷阿等之類皆以其語次第稱謂也性尤畏鬼俗尚淫祀

欽州俚　今廣東廉州府欽州不解言語交股椎髻食用手搏水從鼻飲

斐莫酋　在雲南楚雄府定遠縣境高氏專大理國政

時命娑莫酋徙民三百户于黄蓬寨

羅婺酋　在雲南武定州祿勸縣昔羅婺大酋居之有

城名易龍爲羣酋會集之所

無陽烏滸　在敘州無陽縣今湖南沅州府芷江荆州

記舞溪獠滸之類其縣人但羈縻而已溪山阻絶非

人跡所履又云無陽有眉辰新豐二縣其烏滸萬餘

家皆噉蛇鼠之肉能鼻飲

三梁烏滸　在廣西鬱林州陸川縣三梁故縣烏滸所

居俗云上梁烏滸即此地也毒露恒昏上饒瘴氣

黑僰濮　在雲南永昌府西南與哀牢地相接哀牢即今保山縣山居耐勤苦其衣服婦人以一幅布爲裙或以貫頭丈夫以穀皮爲衣爾雅南至于濮鉛周書王會篇卜人丹砂注云卜人西南之蠻夷丹砂所出今按濮人即卜人也又南有赤口濮其俗折其齒劖其脣使赤又露身無衣服又有折腰濮其俗子皆折其腰又有文面濮其俗劖面而以青蓋之

麗山洞　在驩州今隸安南秦漢屬九真郡唐天寶元年改日南郡舜典放驩兜于崇山即此也唐以後失

之郡國志龐山洞人去其兩齒爲飾刻胸在花文山中立市五日一市鑄銅爲器大如盤名旁旁爲財布

五谿聚　在渭州襄武縣今甘肅鞏昌府隴西春秋以來羌戎襍居史記秦昭王伐義渠戎始置隴西郡郡西不過一百里即先零遺種有五谿聚即楊盛分羌爲部以五谿爲一聚于是有五谿之名

六里苗　今湖南晃州廳雍正六年六里苗頑梗滋事近在永筸肘腋

上命鎮筸總兵周一德同辰沅道王柔進勦王議由上龍

潭進周公曰此地險固其苗素獷恐殺之未必聽攻之猝難下應由乾州之鴉溪進以計誘之除刃自解議不合王仰攻上龍潭被拒敗回公引兵進鴉溪聞鴉溪有天王廟王爲楊姓兄弟三名應龍應虎應彪面分赤白黑苗人奉之謹過廟不敢仰視門常鎖閉或數十年不一開惟牛歲祭皆設之門外公知苗之信鬼而不畏殺也乃遣健兒夜踰廟垣查視神狀及各儀物並言櫥後有三纛尚完公乃宣言天王見夢皆作何顏貌冠袍來稱

今天子聖德汪洋當頒苗衆歸流賜公三纛有抗不服者
勦滅之令遵神命擇吉入廟領纛出師苗酋聞之皆
來視至期闢門苗酋俱懼縮不敢進公獨步詣神前
長揖訖復出喚苗酋諭以無畏酋始相隨至公命樹
後尋纛果捧以出擁之歸營苗衆驚服羣請揷血歸
誠誓曰渝盟者發大頭天瘟死九十九代誓畢薙髮
約易
本朝衣冠旌其酋以外委頂帶于是苗寨盡平前隸貴
州今設廳改隸湖南

三驍 在湖南即三苗朱子謂苗當作猫與犵狑狫爲四種溪洞之民其地當在衡州長沙之東袁州之西一帶而辰州有五溪蠻沅州有黑白苗寶慶武岡所在有獞皆三苗之種類也廣有蜑户凡三種一魚蜑二蠔蜑三木蜑涪陵又有獽蜑其流曰蜑曰獽曰狸曰獠曰㐌而粤西有狼有獞有猺瓊州又有黎人麻陽蠻有犵狫沅靖貴州之蠻通謂之苗五溪蠻之父名白犬乃人名好事者遂謂高辛氏以女妻犬誕巳龍户驪家其人見水即知龍也馬人馬留乃馬援立

銅柱時所留住之種也

盤瓠

在長沙西南黔中五溪之地今湖南辰州府漢黔中郡也所屬瀘溪縣西武山有盤瓠廟昔帝嚳時患犬戎之寇乃募訪天下有能得犬戎之將吳將軍頭者妻以少女時帝有畜犬名曰盤瓠啣吳將軍頭而至帝乃以女配之盤瓠得女負走入南山今五溪中山也止石穴中所處險絶生六男六女因自相夫妻織績木皮染以草實好五色衣服裁製皆有尾形衣裳斑爛言語侏離其後滋蔓號曰蠻夷有邑君長

名渠帥曰精夫相號姎徒所居皆深山重阻人跡罕
到今長沙黔中五溪蠻是也按說文姎女人稱我也

廩君

廩君種不知何代初有巴樊瞫相鄭五姓皆出
於武落鍾離山在峽州巴山縣今湖北宜昌府長陽
其山有赤黑兩穴巴氏之子生於赤穴四姓之子皆
生於黑穴未有君長共立巴氏之子務相是謂廩君
從夷水下至鹽陽廩君於是居平夷城四姓皆臣之
今巴梁間諸巴氏皆是按後漢書云四姓之子未有
君長俱事鬼神乃共擲劍於石穴中約能中者奉以

爲君務相乃獨中之又令各乘土船從夷水下至盐陽有盐水神謂廩君曰此地廣大魚盐所出願留共君廩君不許盐神暮輒來宿詰朝即化爲虫與諸虫羣飛掩蔽天光天地昏瞑積十餘日廩君伺其便射殺之天乃開朗廩君于是居平夷城四姓皆臣之廩君死魂魄化爲白虎巴氏以虎飲人血故遂以人祀焉戰國時秦惠王并巴中以巴氏爲蠻夷君長漢建武初南郡潳山蠻雷遷等始反叛劉向討破之徙其種人七千餘口置江夏界其後沔中蠻是也和帝時

巫蠻許聖等反叛靈帝時江夏蠻復反皆廩君之裔

也按始生自武落鍾離山即夷陵屬邑之地散居巴

梁間即古荆梁之境五姓雜居大約今爲巴峽巫夔

四郡皆是也

古賨　在渠州流江縣今四川綏定府渠縣東北七十

四里有城古之賨國都也晉中興書賨者廩君之苗

裔也巴氏之子務相乘土舟而浮衆異之立爲廩君

子孫布列于巴中秦并天下以爲黔中郡薄其賦稅

人出錢四十邑人謂賦爲賨因名從漢高祖平定天

下善歌舞所謂巴渝舞也

哀牢　今雲南永昌府保山縣後漢時通焉其先有婦人名沙壹居于牢山嘗捕魚水中觸沉木若有感因孕十月生子男十八後沉木化爲龍出水上沙壹忽聞龍語曰若爲我生子今悉何在九子見龍皆走獨小子不能去背龍而坐龍因舐之其母鳥語謂背爲九謂坐爲隆因名九隆後牢山有一夫一婦復生十女九隆兄弟娶以爲妻後漸相滋長種人皆畫其身像龍文衣皆着尾九隆死代代相繼乃分置小王往

往邑居散在谿谷絕域荒外山川阻深生民以來未嘗通中國漢建武中其王賢栗等率種人户二千七百五十詣越巂太守鄭鴻降求内附帝封賢栗等爲君長自是歲來朝九州記哀牢人皆儋耳穿鼻其渠帥自謂王者耳皆下肩三寸庶人則至肩而已

西爨

今雲南曲靖府南寧之渠帥也梁時通焉自云本河東安邑人七葉祖事晉爲南寧太守屬中國亂遂王蠻夷梁元帝時南寧刺史徐文盛徵詣荆州有爨瓚者遂據南寧之地延袤二千里俗多華人有震

翫統其衆隋開皇中遣使朝貢

尾濮　在興古郡今貴州興義府普安廳西南千五百里徼外又扶南土俗傳拘利東有蒲羅中人有尾長五六寸其俗食人按其地並西南蒲羅葢尾濮之地名也

莋都　在四川雅州府清溪縣漢時自越嶲以東君長以十數莋都最大武帝開之立爲莋都縣元鼎六年以爲沈黎郡至天漢四年並蜀爲西部置兩都尉一居旄牛即清溪主徼外夷一居青衣今雅安主漢人

後漢益州刺史朱輔慷慨有大畧宣示漢德威遠懷夷自汶山以西前代正朔所不加白狼盤木唐菆等百有餘國户百三十餘萬舉衆奉貢稱臣和帝時旄牛徼外白狼樓薄蠻夷王唐繒等率種人十七萬口內屬安帝時青衣道夷邑長令田晗與徼外三種夷三十一萬口舉土內屬後旄牛夷叛張喬討平之于是分置蜀郡

邛笮

在四川寧遠府越嶲廳自漢書以下至州郡圖籍凡言笮者即此土夷人于大水之上置藤爲橋謂

之笮故曰邛笮自越巂以東北君長以十數笮都最大史記云司馬相如定西南夷橋孫水以通邛笮即此

文狼　在峯州今隷安南秦漢屬象郡交趾郡唐以後失之林邑記蒼梧以南有文狼人野居無室宅依樹止宿漁食生肉採香爲業與人交市若上皇之民按水經注即文郎馬神國近山以木爲城居民築室類三佛齊五色布纏首腹背多裸下體以縵圍之人死貯襄以葬入山深處有村名烏龍里彈其人盡生尾

逢人羞澁掩面欲避然地饒沙金番人携貨往市擧小銅鼓爲號貨列地上郄立山中人前視貨當意者留金貨側持去或曰馬援遺兵流寓號馬留者殆其苗裔云

泉郎　今福建泉州府州之夷户也亦曰游艇子即盧循之餘晉末盧循冦暴爲劉裕所滅遺種逃叛散居山海至今種類尚繁唐武德八年都督王義童遣使招撫得其首領周造麥細陵等並授騎都尉令相統攝不爲冦盜貞觀十年始輸半課其居止常在船上

兼盧海濱飈時移徙不常厥所船頭尾尖高當中平濶衡波送浪都無畏懼名曰了鳥船

儋耳　在廣東瓊州府儋州山海經儋耳即離耳也皆鏤其頰皮上連耳斤狀似雞腸下垂在海渚不食五穀食蚌及蠏而已

生黎　在廣東瓊州府儋州俗呼山嶺爲黎人所居號曰生黎殺行人取齒牙貫之于項以衒驍勇弓刀未嘗離手弓以竹爲絃績木皮爲布尙文身富者文多貧賤文少但看文字多少以別貴賤覩禽獸之產識

春秋之氣占諸芋之熟紀天文之歲又瓊州生黎無城郭殊異居非譯語難辨其言不知禮法須以威服巢居深洞績木皮爲布以木棉爲毯性好酒每醞釀用木皮草葉代麯蘗熟以竹筒吸之打鼓吹笙以爲樂男則髽髮首揷梳帶八齒爲瓔飾好弓矢削竹爲箭簇銳而無羽女則文頷穿耳垂環病無藥餌但烹羊犬祀神而已

麽些

在雲南麗江府夷人六種俱隸維西通判治一

麽些即唐書所載麽些兵是也元籍麗江明萬歷間

麗江土知府木氏寖強日率麽些兵攻吐番地吐番建碉樓數百座以禦之維西之六部喇普其宗及普康葉枝皆要害拒守尤固木氏以巨木作碓曳以擊碉碉悉崩遂取各要害地居其民而徙麽些戍焉後漸蕃衍倚山而居覆板爲屋櫓僅容人自建設流官俱極恭順畏法讀書識文字者有之

古宗

在雲南麗江府亦隸維西通判治即吐番舊民也有二種皆無姓氏近城及其宗喇普明木氏屠未盡者散處于麽些之間謂之麽些古宗奔子欄阿墩

子者謂之㚖古宗語言雖同習俗性情迥殊麼些古
宗大致同麼些性婦髻辮髮百股用五寸横木于頂
挽而束之耳環細小與麼些異㚖古宗以土覆屋喜
樓居近衢市者男則剃頭衣冠尚仍其舊僻遠者男
披髮于肩冠以長毛羊皮染黄色為毡頂綴紅線纓
夏亦不改第其性皆强悍偏執而難制稍不如意則
糾黨互鬥喇嘛排解之乃散其受治于流官俱執自
明以來之舊規為說流官至其地矯之微不近情輒
鳴鼓聚衆執仗露刃而逐之官以不順激變皆隱忍

不上聞益足以長其姦近更鶩鶩然順以撫之亦可馴也

那馬　在雲南麗江府亦隸維西通判治本民家即僰人也浪滄弓籠皆有之地界蘭州民家流人已莫能考其時代亦多不能自記其姓氏麼些謂之那馬遂以那馬名之語言實與民家無異男女衣服之飾雜用古宗麼些之制而受制于麼些

巴苴　在雲南麗江府亦隸維西通判治一名西番亦無姓氏元世祖取滇渡自其宗隨從中流亡至此者

不知其爲蒙古何部落人也滄浪江内有之板屋棲山與麼些雜居亦麼些頭目治之婚喪信佛與麼些無異惟兄弟死嫂及弟婦歸于一人俗頗劣于麼些

栗粟

在雲南麗江府亦隸維西通判治近城四山康普弓籠奔子欄皆有之性剛很嗜殺然麼些頭目土官能治之年奉頭目麥黍共五升新春必率而拜焉栗粟種類在滇省各夷中爲最劣維西者雜處于各夷中而受制于麼些長猶較馴順

怒子

在雲南麗江府徼外居怒江内界連康普葉枝

阿墩之間迤南地名羅麥基接連緬甸素號野夷怒子性怯而懦其道絶險而常苦栗粟之侵淩而不能禦也雍正八年聞我

聖朝已建設維西相率到康普界貢黄蠟八十觔麻布十五丈山驢皮十麂皮二十求納爲民永爲歲例

上許之犒以砂塩官嚴諭頭目俱約其栗粟迺年其人以所産黄連入售内地夷人亦多負塩至其地交易人敬禮而膳之不取值衛之出自入貢以來受約束知法度省志乃謂其剛狠好殺過矣此夷人之六種也

秆戞

在雲南永昌府瀾滄江怒江之極北野人也黑齒繡面以包穀爲食不稲間有不服王化祝長腿者其首也偶野人渡江至保山縣境買牛還遇汛兵疑爲盜阻留盤詰即殺兵遁歸縣差追緝長腿挺身拒捕差復斃保令會同永昌鎮領兵八百往討分駐三台山二別遷以聲討倡亂者自初夏進勦孟秋甫奏凱雖有斬獲而首惡祝長腿究未成擒後用土官率土兵進始伏誅獲其首以獻初秆戞恃險負固並未與官軍一戰自祝長腿死始漸出就戮秆戞乃平事

在乾隆庚申辛酉間

獠子　在廣東廉州府欽州巢居海曲每歲一移椎髻鑿齒赤裩短褐專欲喫人高梁已下送葬皆打鼓舂堂吹笙簫用藥箭

俚人　在貴州鬱林縣今廣西潯州府貴縣古西甌駱越所居漢谷永爲太守降烏滸人十萬于此又郡連山西有俚人皆以烏滸諸夷率同一姓男女同川而浴生首子即食之云宜弟居止接近葬同一墳謂之合骨非有戚屬大墓至百餘棺凡合管者則去婚異

六聘女既嫁便鈌去前一齒異物志烏滸南蠻之別名巢居鼻飲無親戚重寶貨俚人滕氏有竹使銅虛符傳云漢朝所假至今存

獽人

今四川成都府簡州有獽人言語與夏人不同嫁娶但鼓笛而已遭喪乃立竿懸布置其門庭殯于他所至其體骸燥以木函盛置于山穴中李膺記云此四郡獽也又有夷人與獽類又有獠人與獽夷亦同但名字有異而已

猺人

在潭州今湖南長沙府其俗裸有夷人名猺自

言先祖有功免徭役也

賨人　在四川綿州寰宇記按九州記州之賨人族人皆夷也又有賨人勁勇鋭而善舞故古有巴渝之舞世號板楯蠻

族人　在四川綿州華陽國志秦昭襄王時白虎爲害乃募能殺者時夷人朐䏰廖仲藥秦精等伏弩于高樓射殺之昭王曰虎歴四郡凡害千二百人一朝除之功莫大焉乃刻石與盟曰秦犯夷輸黄龍一雙夷犯秦秦輸清酒一鍾九州記賨人族人皆夷也

臺人　在白州建寧縣今廣西鬱林州博白漢劾祀志建寧縣有三種夷獋犲臺惟臺人稍類夏人

獋人　在廣西鬱林州博白縣獋人縵襠半股惟椎髻異于諸夷

犲人　在廣西鬱林州博白縣犲人婦人偏襦皆露椎椎髻與諸夷異焉

高梁人　在廣東廉州府欽州不種田入海捕魚為業婚嫁不避同姓用臘月為歲

幵種人　在甘肅蘭州府狄道州古西羌地寰宇記西

羌傳羌無弋爰劍曾孫忍及忍子开最豪健故羌中號其後爲开種秦始皇時務並六國兵不西行故種人得繁息及秦并天下築長城以界之衆羌不復南渡至漢興匈奴冒頓兵強破東胡走月氏臣伏諸羌景帝時开種留何率種人求守隴西塞于是徙留何等于狄道安故城即今治

贑巨人　在廣東潮州府海陽縣鳳凰山一名翔鳳山有鳳凰水昔有爰居來此集因名山多相思樹有神形如人披髮迅走山海經南方有贑巨人人面長脣

黒身有毛反踵見人人笑亦笑笑則唇蔽其面即逃
郭景純云即梟陽蓋此也

囉哩户　在甘肅秦州乃回回之別種也漢人不與通婚姻自相嫁娶有以兄弟娶姊妹者有以姑姨配甥侄者淸水秦安等縣亦有之明秦襄毅公紘爲秦州道時稍革其俗

蕃户　在豐州今陝西榆林府葭州春秋時戎狄之國戰國屬趙後漢羌胡擾亂城邑皆空唐貞觀四年突厥降附乃于此分靈州之境置豐州都督府不領縣

惟傾蕃户

蜑户　在廣東廣州府新會縣爲縣所管生于江海居于舟船隨潮往來捕魚爲業若居平陸死亡即多似江東白水郎也

盧户　在廣東廣州府新會縣海島中乘舟捕海族蠔蝛蛤蜊爲業

大頭猓玀　在雲南元江州之新平臨安府之嶍峩西縣境有山曰魯魁界連楚雄極深峻約廣百餘里頂有泉如十畆池大旱不竭繞山皆腴田夷人久踞[illegible]

巢不納賦稅林深箐密路道旁襍其性兇悍善鎗弩
時爲盜以布纏頭十餘層如栲栳土人呼爲大頭猓
羅向遇春冬則下至近山村落挨索保頭錢各户派
給之稍不遂即肆焚殺民苦其擾
國朝雍正中夷衆烏合破新平鎮閭閻刼倉庫取梨園
行頭冠服鼓吹宴慶于城山之上復犯嶍峨遇大兵
擒其魁進勦搜山無辜者仍發回安插惜未乘時盡
遷之近雖漸被
王化而纏頭習技如故人仍呼之爲大頭猓羅云

都老　在廣東廣州府通典五嶺之南人雜夷獠不知教義以富爲雄鑄銅爲大鼓初成懸于庭中置酒以招同類又多搆讐怨欲相攻擊則鳴此鼓到者如雲有鼓者號爲都老羣情推服本之舊事南越王尉佗于漢自稱蠻夷大長老故俚人呼其所尊者爲倒老語訛故又稱都老也

木客　在廣西平樂府平樂縣湘州記縣多曲竹有木客形似小兒歌哭行坐衣服不異于人而能隱形山居崖宿至精巧時出市易作器人亦無別就人換借

皆有信義言語亦可解精別木理又江西吉安府泰和縣盧陵異物記有木客鳥大如鵲千百爲羣飛集有度不與衆鳥相厠俗云是木客化爲此鳥也

山都

在江西吉安府盧陵縣異物記盧陵太山之門有山都人不知共流緒所出髮長五寸而不能結裸身見人便走避之種類疎少曠時一見然自有男女焉可長四五尺能嘯相呼常在幽昧之間亦鬼物也按異物類苑山都人面黑長身有尾踵見人則笑笑則上唇掩目按諸書言人都鳥都猪都皆不爾此乃

誤以狒狒爲山都耳

赤蝦子　在廣東廣州府順德縣王漁洋池北偶談雙槐歲鈔東粤順德縣有地曰壽星塘山水幽勝有物名赤蝦子如嬰兒而絶小自樹杪手相牽掛而下笑呼之聲亦如嬰兒續續垂下甫至地而滅俗謂蓬萊仙女遺類也諸臯記載昔有姚汪王三姓食都樹皮餓死化爲鳥都皮骨爲猪都婦女爲人都皆棲大樹即如人形而絶小男女自相配偶在樹根者名豬都在樹尾者名烏都在樹尾可攀及者名人都左腋下

有鏡印濶二分其禁有山鵲法打土壟法食其巢味如木芝有術者周元大能禹步爲厲術以左合亦索圍木斫之樹仆剖其中三都皆不能化乃執而烹之周櫟園詩人都擁樹形同鳥是也又月山叢談載廣西思恩縣近村樹杪有二人約長一尺五寸武人裝束白竹纏芒屩其行如飛此當即赤蝦子之類蓋閩粵皆有之

庚定子　在明州鄮縣今浙江寧波府鄞縣東海上有野人名庚定子舊說昔從徐福入海逃避海濱亡匿

姓名自號庚定土人謂之白水郎脂澤悉用魚膏衣服兼資絹布音訛亦謂之盧亭子也

猪狑犵狫不狼聚　在湖南辰州府西北四十里酉山口其名皆犬屬葢盤瓠子孫也

黄教喇嘛　在雲南麗江府維西治番僧也番謂僧爲喇嘛分黄紅教維西皆有之紅教之類甚繁黄教止達賴喇嘛一種皆古宗出家者阿墩子之壽國寺楊八景寺奔子欄之東竹林千餘人皆是也不近色而貪財戒殺而食肉禮佛誦經其經譯以華語皆與中

土同惟繙楞嚴經蓋佛產天竺即緬甸與土番界相傳達磨譯教于其地而佛教興至今已千六百餘年矣黃教喇嘛起最後濶袖長衣隆冬亦露兩股著右宗靴而不衣袴衣黃衣冠黃冠故謂之黃教初紅教強欺黃教第五世達賴喇嘛預識我

大清之必撫有中土也於

太宗文皇帝時叚道蒙古入貢

盛京獲封號延至今黃教在維西者皆達賴喇嘛法子

紅教喇嘛　相傳有十三種雲南麗江府維西治惟格

馬一種格馬長五人謂之五寶輪廻生番地均十餘世不滅人稱活佛維西五寺紅教喇嘛八百人皆格馬四寶喇嘛之法子也衣罽及褐被袈裟常年不去亦不衣袴夏戴平頂竹笠跣足冬戴平頂猩紅毡帽四蓮瓣向上圍于四方著襪朱履者多衣冠皆紅故謂之紅教其食嗜剎與黃教等經籍亦同惟所奉祖師護法異古宗奉黃教者多麽些則止奉紅教讎釁月深黃教多強紅教以達賴喇嘛故終莫如何然則其明時欺黃教非即前世因耶按謨勒孤喇嘛紅教

十三教之一也凡喇嘛禪學有得者死投胎復生皆不迷其前世夷人均稱為活佛西藏讃勃孤喇嘛主死其徒卜其降生于維西之其宗乾隆八年喇嘛衆乃持其舊器訪之至其宗之日麽些頭人子名達機甫七歲指雞雛問母曰雛終將依母乎母曰雛終將離母也曰兒其雛乎有頃謂其父母曰西藏有至此迎小活佛喇嘛數十輩皆佛也曷款留之父母以為譫力言之其父出視而喇嘛數十輩不待延皆入達機迎見跏趺于地為古宗語良久衆喇嘛奉所用鉢

數珠手書心經一册各以相似者副之達機均得其舊器服珠持鉢展經大獎衆喇嘛免冠羅拜迎歸西藏善知識喇嘛格馬四寶喇嘛之高第弟子也其前世死之年無考乾隆己卯年生于六村歷些通事玉永善家丁亥年四寶命喇嘛數人以金銀馬驢值七百金之物來永善家迎焉永善送入藏每程未至之先山川之狀善知識皆能先言之善知識非名其品第也以華言譯之也按喇嘛佛教輪迴轉世是爲理之所無而事之所有齊諧之外怪不勝誌雖非于衆

夷人之外别爲生育者而其性也人也夷也故于蠻部後紀之

堪布喇嘛　廣法寺僧也本名雍中喇嘛寺舊隸大金川大金川原名促浸小金川原名儹拉兩金川既平析促浸爲綏靖崇化二屯儹拉爲懋功撫邊章谷三屯寺距崇化屯署三里久蕪廢乾隆四十一年重修

御書正教恒宣額賜今名

欽差堪布喇嘛主持西藏人例帶徒弟十六名俱黄帽黄馬褂西藏小喇嘛及土喇嘛俱披黄袈裟共百數十

人食
天糈有定額俗有黄紅教之分堪布爲黄教宗師番民信
重每年正月十五十月十九兩日四方土司頭人等
挈妻孥挾百姓以萬計赴寺誦經徼佛福進獻牛羊
肉脯如山積酥油酪漿以斗量其土司頭人及妻女
咸跪獻哈達三尺許長素帛也間有大喇嘛親手爲
之持咒挽結套其頸而撫摩者殊自慶幸人皆羨之
彼亦揚揚有喜色饋獻不留餘力此兩次大會日期
各挑布札一次大憲爲之代 奏衣冠俱

賜自尙方故極其鄭重跳時人各左手執雜器右手執連
鬚腦骨一片共相舞蹈或龍頭虎額或長袖峩冠兼
飾枯髏如人雜演其間鐘鼓喤喤屢舞僊僊聒耳眴
目擾擾竟日五十年各憲捐俸重修金碧璀璨爾復
壯觀懋功屯亦有喇嘛寺一所例挑雜谷腦番僧住
持三年一換俱　奏請
欽定勅名勝因寺屬廣法寺堪布喇嘛管轄

卷五

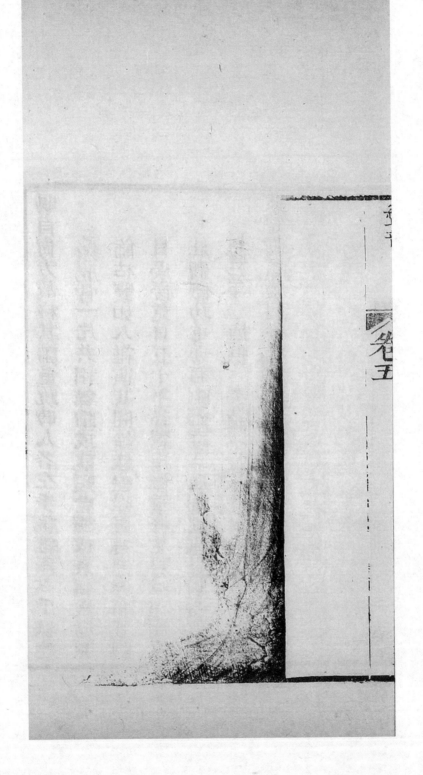

薄海番域錄

新疆一　山左武定邵大緯星巖氏述

哈密　在甘肅肅州西六十里嘉峪關外雪山之南自關西行九十里至惠回堡驛又七十里至赤金湖驛又四十里至赤金甲驛又九十里至玉門縣城綏逆營驛赤金湖驛南二十里有赤金甲營至玉門縣一百二十里自玉門縣西六十里至柳溝驛又七十里至布隆吉驛又西九里至小灣驛偏西北行四十里至雙塔堡自小灣驛至安西州七十里自雙塔堡至

安西州一百二十里又柳溝驛西偏北五十里有橋灣營西至安西州二百里又布隆吉驛南九十里有踏實堡北至安西州九十里自州北行九十里至白墩子又北偏西八十里至紅柳園又北偏西七十里至大泉又北偏西六十里至馬連井子又北偏西七十里至星星硤又北偏西九十里至沙泉子又北入十里至苦水又北一百四十里至格子烟墩中有天生墩又北六十里至長流水又北七十里至黄蘆岡又北九十里至哈密城此東路也又自安西州西行

六十里至瓜州營驛又西七十里至甜水井驛又西七十里至圪塔井驛又西七十里至燉煌縣中立沙州營縣北七十里設黃墩營自縣西行歷土窰子轉而北歷青墩硤博羅特古大泉苦水紅柳硤轉而東北歷哈什布拉仍至黃蘆岡入哈密此西路也人不常行哈密正東有蔡湖又東即塔爾納沁北數百里抵天剌以天山爲界大約自關西行十一二日即至其地古伊吾盧地唐爲伊州安史之亂盡没吐番元封其孽忽納失里于此爲威武王前明會臣屬中夏

立赤金沙州衛哈密衛駐重鎮而哈密最西部落雜居有回回畏兀兒哈剌灰三種各立都督佐之旋不能守然其地故壘烽台遺蹟可尋

國朝歸入版圖商賈雲集百貨備俱儼然一大都會康熙時準噶爾犯之逾哈密而東犯黃蘆岡命將驅逐而逸雍正時

天兵西下額魯特鼠竄棄巴里坤而逃軍需皆由哈密轉運乾隆十九年掃蕩伊犂諸軍皆出嘉峪關哈密爲糧餉總滙之區乞軍務告蕆至今邊外各城歲須帑

項仍由哈密撥解運往建城一處四里有奇其西里餘即哈密回子之城其王曰伊薩克管下回子六城曰哈密曰素木哈爾灰曰阿思他納曰他咯奇曰拉珠楚克曰哈拉托巴皆伊薩克屬也傳其子無別色伯克管轄其地有天山行人過此必下馬拜馬鬃山有望鄉台李陵題字處合羅川唐回鶻公主所居基址尚存地無水多雪雪消乃得水其人寡弱不滿二千户多貧苦言語與新疆回子不同衣相似但帽圓翅短耳夏熱冬寒產瓜葡萄北即巴里坤南即闢展

爲嘉峪關外第一門户設鎮守辦事大臣一協辦大
臣一

闢展　在甘肅肅州西六十里嘉峪關外雪山之南自
關西行一千四百九十里至哈密自哈密西行六十
里至頭堡又六十里至三堡又偏南直西行七十里
至鴨子泉又八十里至瞭墩又九十里至梧桐窩又
七十里至三間房又一百二十里至十三間房又一
百三十里至七克騰木中有苦水井又五十里至蘸
魯圖又六十里至闢展城自梧桐窩以南皆戈壁吐

魯番所屬回城也溽暑非常而東北山有風洞故數百里內多怪風或黑或黃掀山飛石驢羊之類遇之輙吹去無踪地當孔道東界哈密西至哈喇沙拉北通烏魯木齊之齊克達巴爲南路衝途有城垣乃吐魯番所屬雍正時額魯特騷擾其地其大頭目伊敏和卓投誠歸化移其人衆于安西沙州以避之今燉煌乾隆二十年後平定伊犂吐魯番回子仍歸故土設整飭巴里坤分巡鎮廸糧務兵備道兼轄哈密闢展烏魯木齊木壘等處事務

吐魯番　在甘肅肅州西六十里嘉峪關外雪山之南自關西行二千二百八十里至闢展自闢展西行六十里至連木沁台又六十里至勝金台驛又九十里至吐魯番羅卜諸爾在其南有路通之乃漢之車師四面皆山相傳故唐交河縣治明永樂中入貢成化中酋阿力寖強引兵攻哈烈屢犯甘肅萬歷中又來貢始甘肅無北寇專西防吐魯番最奸狡自阿力以來皆挾哈密邀利隆慶後不復言哈密事吐魯番頗息肩而北患日熾矣其俗候暖少雨雪宜麻麥產瓜

果羊馬多僧寺奉佛

國朝雍正時額魯特騷擾闢展其大頭目伊敏和卓著

有勞績封郡王駐闢展吐魯番乃其子公蘓拉滿之

所居也統轄回子六城皆蘓拉滿之阿爾巴爾世襲

土官人户惟吐魯番最多然亦不過三千餘家耳按

吐魯番于順治十三年入貢康熙十二年國王瑪墨

忒塞伊忒韓復遣其臣兀魯和噔等獻馬其表畧云

皇帝陛下恭惟

吐魯番國某上言于乃聖乃仁天下治平

皇上一統攸同何異于古之占什特惠澤羣生相同乎昔
之達刺汗法紀軍威比隆于楷黑塞勞聰明格物媲
美乎伊思謙達爾
皇上睿知天錫如日升之無不照撥亂爲治如月恒之無
不臨旌旗閃爍超越乎墨烏咸耳
皇恩浩蕩出于度量寬仁
國祚無疆而萬國咸寧
洪福靡極而
皇圖應運後稱一千八十三年二月十八日又二十一年

上言伏以我

皇上猶昔者斯堪達爾之君一統金甌扎穆西特之君藻鑒五行亦若化日普臨率土景星光照萬靈抑猶哈他穆之君廣施恩惠汝思他穆之君勇力絶倫譬之矛鋒之銳龍爪之威莫敢正向而視云云明陳誠使其國還言城北百里有靈山最大土人言此十萬羅漢湼槃處也近山有高台入山二十里至一峽得石屋供小佛像五前有池池東山石青黒遠望紛如毛髪言此十萬羅漢洗頭剪髪處也緣峽東南行六七

里登高崖崖下小山纍纍白石成堆似玉輕脆不可握堆中有若人骨狀者堅如石色澤明潤言此十萬羅漢靈骨也又東下石崖崖上石笋如人手足稍南至山坡坡石瑩潔言此辟支佛湼槃處也其國文字有毛詩論語孝經子史集大葬經唐韻玉篇其人貌似高麗辮髮垂肩女子亦然其地夏日酷暑非常東南一帶沙山絕無草木日光照射尤不可耐故俗呼曰火燄山也冬日和暖無嚴寒大雪土產麥穀芝麻其甜瓜西瓜並皆佳妙土田肥沃亦多棉豆然多貧

若語言與回疆回子可通衣帽無異北里許多怪風驢羊遇之輒吹去南皆戈壁即瀚海西南五百餘里爲羅布淖爾即星宿海也自闢展西至和闐四五千里之南自和闐南至後藏四五千里之東皆星宿海其統哈拉和卓回城即漢都護定遠侯班超屯劄之所也其鄰爲火州柳陳昰婁設鎮守領隊大臣一

喀喇沙爾　在甘肅肅州西六十里嘉峪關外雪山之南一作哈喇沙拉自關西行二千四百九十里至吐魯番自吐魯番西行六十里至布幹台漫西南行五

十里至托克遜台西北行至朱爾土斯路乃由烏魯木齊至阿克蘇之路自托克遜台西南行七十里至蘇巴什台西南行一百三十里至庫木什哈僤台西南行一百二十里至額瀰克齊台西南行七十里至烏沙克他爾台西行八十里至特伯爾古台西行七十里至喀喇沙爾原係回城康熙時準噶爾吞併回人逃亡死絶其地竟無人烟移霍碩特人來此游牧乾隆二十年間大兵平定伊犁霍碩特多遭誅戮其餘逃散地竟空虛創建一城東西南三門圍僅二里

牆亦畀薄三十五年後土爾扈特來歸始將其汗渥巴錫部落霍碩特貝勒恭格部落安挿于著勒土斯令其資生並將噶子滿回子二百戶移歸庫爾勒回城所有哈喇沙爾城垣左近一帶地方均給土爾扈特和碩特人等游牧且教之耕種開都河兩岸及著勒土斯牧場氊帳雲屯皆伊等居住也數年以來漸知耕種之事然其人貧苦懶惰性刁野好偷竊搶奪婦女尤無恥到處可以宣淫而針黹女工遠勝于回婦也極貧之男婦子女多鬻于各城回子為奴往往

盜馬偷衣不知所適馬湩爲酒謂之氣可牛乳爲酒謂之阿拉占敬喇嘛與額魯特同著勒土斯圖踰千里水草暢肥宜游牧牲畜設鎮守辦事大臣一

庫爾勒　在甘肅肅州西六十里嘉峪關外雪山之南自關西行三千一百五十里至喀喇沙爾自喀喇沙爾西南行一百里至哈爾哈阿滿台又南行六十里至庫爾勒台回城也回子七百餘户內多惰蘭回人地土遼濶開都大河之水縈洄旋繞多魚多蘆雁蒲鴨鷗鷺成行土産大米二麥集吉草可以爲筋葡萄

瓜果無不茂盛其人好訟不知禮法惰蘭回子之風
也
布古爾　在甘肅肅州西六十里嘉峪關外雪山之南
自關西行三千三百一十里至庫爾勒自庫爾勒西
南行七十里至哈拉布拉克台西行一百里至庫爾
楚台西行一百六十里至策達雅爾台西行六十里
至洋薩爾台西行一百里至布古爾台回城也經兵
燹逃亡無遺孑回疆平定移惰蘭回子居之蓋別種
也土産羊皮酥油猞猁猻銅城之南皆戈壁馬行三

四日山場豐美多野牲益南皆沮洳近星宿海矣蘆葦湖灘綿邈無際爲西入回疆咽喉之路自葉爾羌和闐喀什噶爾阿克蘇沙雅爾來者雖由山徑荒灘而行亦必由布古爾葦湖土橋過渡舍此別無路徑也

庫車

在甘肅肅州西六十里嘉峪關外雪山之南自關西行三千七百里至布古爾自布古爾西行一百里至阿爾巴特台漫西北行一百四十里至托和奈台西行六十里至庫車龜茲國故地也城矩方圓九

里有奇四門依山岡爲基牆皆高丈許柳條沙土密築而成地勢高望之巍然儼如金湯之聳峙也回子歲納糧爲官兵口糧納銅送烏什鑄錢納硝磺送伊犁備用幅幀寬廣地處衝途爲西入回疆之門户也南數十里外皆戈壁馬行三日山場豐茂多野牲無人烟益南近星宿海矣庫車回人懦弱而偷安畏強梁不知恩義喜酣飲狂歌風俗質樸節儉庫車北至扣克納克即雪山奇寒大雪不可居處草肥回子皆來牧放西北山勢拗折石土夾立嶙峋嶮峻爲西入

阿克蘇必由之路東至布古爾止出硇砂之山在城北山多石洞春夏秋洞中皆火夜望如燈萬點人不可近冬日極寒大雪火息土人往取赤身而後可入硇砂皆産洞中如鍾乳形庫車少雨歲不過微雨一陣或竟無雨耕種皆資開渠灌溉城東托和柰泉水最肥近城皆北山之水分河三道西即渭干河回民熟于開渠引水之事城北二十里有小佛洞山石鑿穴繪佛城西六十里蕪巴什復有大佛洞其山前後上下鑿洞四五百處内皆五彩金粉繪西番佛其最

高一洞三楹壁鑿白衣大士之像漢楷輪廻經一轉餘皆西番字跡不知誰氏之爲城東南十里破牆一段長五里餘雖係土城而修築高厚堅實堞雉猶存非回城也土人傳爲漢時屯兵之所然無可考庫車原係回疆大城回户三萬家經霍集占之亂且連遭凶荒死于饑饉兵火幾無遺孑所餘僅千户耳

大兵平定庫車之時城内惟遺羊七隻牛三頭乾隆二十三年以來休養生息家給人足迄今最貧苦之小回子亦有牛羊馬匹出有衣家有食吉凶皆足以成禮

設鎮守辦事大臣一 鎮守帮辦大臣一

沙雅爾 在甘肅肅州西六十里嘉峪關外雪山之南自關西行四千里至庫車自庫車西南行一百六十里至沙雅爾回子小城也城緊依渭干河圍牆傾圮一荒凉村堡耳回户七百餘家歲納糧銅硝磺地土下濕炎熱宜于粳稻諸果皆佳而梨尤甘鬆可食西南山中林木蘆葦千里無際産狢猁猻狐狸多虎近城多葦湖以故夏多蚊如塵如霧至日夕尤甚回子皆以布為帳幔晡時男婦子女皆入布帳中避之滿

城牲畜咆哮身血津津然二更後始漸寧帖其人樸
野誠實然亦好訟婦女好顏色多有美麗者風俗與
庫車相似

賽哩木　在甘肅肅州西六十里嘉峪關外雪山之南
自關西行四千里至庫車自庫車偏西北行一百六
十里至河色爾台又西行四十里至賽哩木乾隆二
十三年
天兵至庫車賽哩木回子首先迎降當大道之衝出寶砂
可以攻玉但在雪山之麓氣極寒八九月間木葉盡

脫門有桃杏交冬須聚土埋藏不然來春枯矣霜早惟二麥豌豆甜瓜葡萄有收餘皆不堪多種産銅硝風俗誠實敦厚無回子惡劣之習喜暢飲酣歌與庫車回子同

拜城　在甘肅肅州西六十里嘉峪關外雪山之南自關西行四千二百里至賽哩木西行八十里即拜城城最小回户四五百家糧果產者甚稀路當孔道其人多烏什回衆爲霍集占所惡逐之拜城

阿克蘇　在甘肅肅州西六十里嘉峪關外雪山之南

自關西行四千二百八十里至拜城自拜城西行九十里至鄂依斯唐可齊克台西行八十里至察爾齊克台西行一百二十里至哈拉玉爾滚台西行八十里至札木台又西行八十里至阿克蘇一大回城也有二萬餘户其人誠樸無華然亦好訟易惑亂回子之陋習也人多技藝善攻玉製器精巧繡鹿茸爲鞾田土寬廣芝麻二麥穀豆棉花果菜之品充園塞圃酒肆茶坊鱗集街市每八栅爾期會也市集商販摩肩喧填竟日産梨最佳歲充土貢地居衝要爲西至各

回城北往伊犁四達必由之孔道設鎮守辦事大臣
一

烏什　在甘肅肅州西六十里嘉峪關外雪山之南自關西行四千七百三十里至阿克蘇自阿克蘇西行八十里至察爾拉克台又西行八十里至阿察他克台又西八十里至烏什西即喀什噶爾此路並未安設軍台東南去庫車千里本係回城回人謂之土爾番華言都會也城依南山諸峯環抱大河縈繞其北人戶本兩三千家準噶爾時最爲表著其阿奇木伯

克寉集斯乃準噶爾汗達瓦齊之所立也
天兵入伊犂達瓦齊父子逃至烏什霍集斯擒獻中國以
功封王爵乃屢經叛亂回民誅戮盡淨其錢名普爾
每文重一錢二分每百謂之一騰格回子私用每五
十爲一騰格抵銀一兩官設爐鼓鑄乾隆通寳普爾
俱用紅銅其規模與內地制錢同哈喇沙拉普爾與
制錢通用以西大小回城回子及兵民皆用普爾內
地制錢不行哈喇沙爾以東則無普爾矣幅幀遼濶
北界冰山即穆肅爾冰達巴山伊犂烏什之交其山

皆冰色白望如銀南北兩路之衝衢相傳須持斧鋤斫鑿成窩容足然後能過其西山望之如深青氷色黑其上不可往來烏什皆平川沃野山場林木草湖茂密皆布魯特人户游牧東至庫車西連葉爾羌烏什之城名永寧地方空濶杳無人烟惟緑營屯兵耕其荒廢之地嗣于阿克蘇葉爾羌和闐英吉沙爾賽哩木拜城等回城派撥回子七百餘户移駐烏什種地納糧數年以來屋宇田園漸盛矣設鎮守辦事大臣一

葉爾羌　在甘肅肅州西六十里嘉峪關外雪山之南烏什之西自關西行四千七百三十里至阿克蘓自阿克蘓南行八十里至渾巴什台又南行六十里至洋阿里克台又漫東南行一百里至都齊特台又漫東南行六十里至伊拉堵台南行五十里至烏土斯克滿台轉而西南行六十里至衙阿拉克台西南行七十里至庫庫車兒台西南行八十里至巴爾楚克台西南行一百里至折克得里克托海台直西行七十里至寨爾吉努斯台西行七十里至畢薩克抵台

西行六十里至阿克薩克傌拉爾台西行八十里至阿郎格爾台西行九十里至邁那特台西行一百二十里至賴里克台西行九十里至愛吉特虎台西行七十里至葉爾羌回疆一大城也回子呼為葉爾奇木乃霍集占祖孫父子巢穴居室壯麗綠琉璃瓦覆之今為糧餉局園亭亦敞潤華麗今修為辦事大臣衙署矣城池堅固圍十餘里幅幀寬敞田土壯平東界烏什西界拔達克山南控和闐北隣喀什噶爾西南一帶均與外藩連遏所屬十城曰葉爾羌曰哈拉

噶爾里克曰托古斯堪曰三珠曰契藩曰塔克曰克
可牙爾玉拉里克曰火沙喇可曰巴爾楚克最遠一
城在葉爾羌西馬行十日界乎拔達克山之間者曰
賽古羅十城俱有伯克惟葉爾羌人户獨多不下七
八萬家九城各千户上下耳或曰葉爾羌古罽賓之
國或曰大食月支之地迄今皆回子聚居矣葉爾羌
與外藩連界邊外各國均來貿易衣冠詭譎形狀怪
異之人奇珍異寶之物往往有之中原江浙之人不
辭險遠各攜貨貲購覓寶玉葉爾羌回民最巧而性

怯懦惟大伯克之言是遵不敢少有忤慢俗尚宴會婦人多長于歌舞尤重百戲索銅爲繩架高八九尺一丈有奇回婦艷粧應鼓之節于繩上步履往來又以回童數人飾以鮮衣花帽使之觔斗回旋盤舞頗亦可觀羊之爲物最蠢而無識者回人以木三段圓頭細頸各高徑尺層層叠叠弄羊羔使之上于木頂又以高三尺者易之謂之羊上樹地產熊猴回人皆豢之以爲戲而舞丸轉盤之戲亦不一而足又風俗淫佚喜男色有閩廣之風回童少聰俊輙不得免然

亦修飾妖媚與人燕好往往情密至長大而不能絶
交豪強土覇日增其富小回子少有積畜皆爲咀嚼
而去以故人户不能殷實多缺衣食之人葉爾羌河
中産玉大者如盆如斗小者如拳如栗有重三百六
七十觔者各色不同白如雪青如翠黄如蠟赤如丹
黒如墨皆上品一種羊脂硃斑碧如波斯菜而金片
透洒者尤難得其河底大小石錯落平鋪玉子雜生
其間採取之法遠岸官一員守之近河岸營官一員
守之派熟練之回子或三十爲一行或二十爲一行

截河並肩赤脚踏石而步遇有玉𤧚八即脚踏知之
鞠躬拾取岸上營官擊鑼一棒官則過硃一點𤧚子
出水按硃點索其石子去葉爾羌二百三十里有山
日密爾岱達巴諸峯高峻遍山皆玉有青黃赤白黑
之不同然石夾玉玉夾石甚多至純玉無瑕溫潤而
大至千萬觔者則有絶高山峯之肋其上人不能置
足土產犛牛慣能登陟𤧚子挾其乘牛而上鎚鑿任
其自落而取之謂之磜子石亦曰山石每歲春秋二
季葉爾羌土貢玉自七千至萬觔不等至葉爾河和

闐之玉隴哈什河哈琅圭塔克河所産玉子無一定之額盡數交納皆由台運送京師私玉之禁甚嚴密爾岱達巴之西復有冰山一處勢益險爲葉爾羌痕都斯坦往來必由之孔道更有雪山在焉其上氷雪自古積滿其上氷雪之水自山陽上下春夏湧流散趨于南路各城以資耕種諸水皆聚于羅布淖爾即星宿海也設鎮守辦事大臣一鎮守協辦大臣一

和闐

在甘肅肅州西六十里嘉峪關外雪山之南自關西行六千零三十里至葉爾羌自葉爾羌南行七

十里至坡斯坎台轉而東行一百二十里至洛伙克
凉噶爾台東行一百六十里至咽嗎台東行一百二
十里至滚得里克台東行一百里至扁爾滿台東行
一百五十里至哈拉哈什台又東行六十里至和闐
又自庫車之南一百六十里至沙雅爾又南直行數
百里至克里雅轉而西行經車兒至和闐回疆一大
城也又南行二十日即後藏西界崇山峻嶺與外藩
道路不通東皆瀚海沮洳益東即星宿海矣地處荒
隅簡僻不隣大路所屬回城六處曰和闐曰玉隴哈

什曰哈拉曰齊喇曰克里雅曰他赫卜伊和闐其總
名也沃野千里回户三四萬家玉隴哈什河哈琅圭
塔克河皆有玉子多于葉爾羌河所産石榴木瓜蘋
果桃杏烏梅紅李櫻桃紅棗之屬所在成林而甜瓜
葡萄尤多以葡萄釀酒家有蓄藏其人誠樸敦實盡
力根本無游惰浮華之習男力稼穡女勤蠶織有和
闐紬絹繭雀塔爾布纈窑光實非别城所有也或曰
和闐即古于闐也回子呼漢人爲赫探漢任尚都護
西域以後亂遺其人衆于西和闐回子皆其遺種故

回子呼之曰赫探城和闐即赫探之訛音也然皆無可考據矣按于闐舊志在沙州西南三千七百里葱嶺之北二百里今甘肅安西州燉煌縣即沙州也于闐東西五千里南北千里葱嶺以南撒馬兒汗最大以北于闐最大于闐有河北流與葱嶺河合東注蒲昌海名鹽澤南出積石爲河源者也按阿耨達山在于闐南據漢書河源出焉河一名首跋河亦名樹跋河或云即黃河也北流七百里入戎水一名計首水即與葱嶺南河同入鹽澤或言阿耨達山即崑崙山

是也其西水皆西流注西海國人每歲取玉于河月
撈玉夜視月光盛處索美玉必得焉河分爲三有白
玉綠玉烏玉之別又有地名哈寶地金銀所出土宜
五穀桑麻釀葡萄爲酒木爲筆玉爲印善鑄銅器工
紡織好歌舞事佛神有比摩寺曰老子成道之所初
老子至此出日昇天與羣胡辭訣言我暫游天上尋
當下生其後出天竺國化爲胡王太子自稱曰佛因
立此焉自高昌以西國人深目高鼻惟于闐貌似華
人稍知禮節相見跪跽得問遺書戴于首乃發之由

漢以來中國詔書符節世傳相授以王爲氏至唐姓
尉遲石晋時李聖天自稱唐宗通貢宋封砢鏻黒韓
王砢鏻者金翅鳥黒韓蓋可汗之訛云明永樂六年
其王打魯哇亦不剌遣滿剌哈撒木丁貢玉璞十二
年陳誠至其國見偪隣境頗畀弱人民僅萬計避居
山谷間永樂後西戎修貢不敢相攻始獲行賈諸番
國更饒富始于闐貢使每來必挾一鐺視之鐵也云
其來道流沙踰三月程無薪獨挈水行投鐺中即沸
故寶之設鎮守首領辦事領隊大臣一鎮守協辦大

臣一

英吉沙爾　在甘肅肅州西六十里嘉峪關外雪山之南自關西行六千零三十里至葉爾羌自葉爾羌北行七十里至喀拉布扎克台轉而東北行一百四十里至河色爾察木籠台又東北行五十里至托布拉克台又北行七十里至英吉沙爾西即拔達克山界

國朝設鎮守領隊大臣一

喀什噶爾　在甘肅肅州西六十里嘉峪關外雪山之南自關西行六千三百六十里至英吉沙爾自英吉

沙爾東北行八十里至庫森他斯渾台又北行九十里至喀什噶爾正東即烏什此路並未安設軍台又自喀什噶爾由牌素巴特至阿克蘇提徑東南行至巴爾楚克台即阿克蘇至葉爾羌驛路回疆一大城也西域最爲表著爲西陲極邊要害之區回子布魯特耦耕雜處西北一帶雪山環抱過山皆外藩之布魯特游牧正西布魯特之外即安集延土宇曠達與邊外各國犬牙相錯中外貿易人等日相逐于道路歲貢盪紬緞金銀絲紬緞布石榴木瓜膏蘋果葡萄

乾之類金貨流轉水草甘肥牲畜繁息八户殷實九城種地納糧之回子三萬六千餘户其餘貿易回子伯克家屬阿渾毛喇海蘭達爾人等又不下二萬餘户城内紛華靡麗多妓女嫺歌舞殷實之户亦頗畜之織成金銀絲氈五色絨氊鏤金攻玉鑿銅鑲嵌無不精巧回子靴帽回婦束髮之怡齊巴克皆出其地商賈雲集八栅爾街長數里屋宇牆垣修整富饒殷實之地也俗尚宴會人皆知禮法循循然敬中國之長官不似阿克蘇以東之回子悍然村野而已設鎮

守叅贊大臣一鎮守協辦大臣總兵官一

按喀什噶爾之南二百餘里曰英阿雜爾回城也爲外藩各國東入回疆必由之孔道最爲緊要之區田土豐美産穀豆瓜果黒礬又喀什噶爾西北二百里爲塔什伯里克回城人户係回子出其境即布魯特之地故官設四品阿奇木伯克以散秩大臣布魯特比阿齊穆充之其布魯特十九愛曼也村落皆散布于喀什噶爾葉爾羌烏什之間分有地界游牧資生塔什伯里克回子亦歸其管轄即征討霍集占時阿齊

穆打仗有功賞給之地也土産二麥糜子而已喀什噶爾東北相距八十里爲阿拉圖什回城土田肥厚寬廣果木繁茂城池下濕産大麥葡萄桑石榴木瓜桃棗瓜麥之屬喀什噶爾東十里爲別什克里木回城地既相近風物土産約畧相同喀什噶爾西北一百三十里爲玉素納爾土什回城臨近雪山氣候冬寒土産麥糜桃杏桑瓜而喀什噶爾西北一百八十里爲握帕爾回城與布魯特地界相連其山嶺皆布魯特游牧喀什噶爾東北一百九十里爲阿爾古回

城緊依雪山多雪雞雪蓮雪蟾雪蛆回子不知取用惟取雪雞以充食而已東北而去四日可至伊犁但春秋冬雪深盈尺夏伏或可行走然亦無人往來地寒土產麥糜葡萄桑杏桃瓜雪山內外皆布魯特種人與回子雜處益西北布魯特尤衆人户數十萬家

巴里坤　在甘肅肅州西六十里嘉峪關外雪山之北即今鎮西府自關西行一千四百九十里至哈密自哈密北至南山口一百二十里出德勝關漫東北行六十里至松樹塘又漫東北行八十里至奎素又漫

東北行至石人子腰站折而西行共七十里至巴里坤城由巴里坤西行九十里至望山驛偏東西南行歷頰漕溝至哈密南路之瞭墩以至闢展又自望山驛偏西西南行歷陶賴泉梧桐窩子塩池至哈密南路之七克騰木以至闢展巴里坤本準噶爾故地也南界哈密北隣北套歸化城西通烏魯木齊進可以攻退可以防爲南北適中緊要之區乾隆三十七年設鎮西府府西八站建城一處曰古城駐防携眷滿兵以聯絡各城之勢西即奇台通判四十年改設奇

台縣地寒五穀不熟惟種青稞數年以來寒暄漸易可種二麥穀糜矣土產野雉白蔴姑多松氣候極寒多大雪惟五六月間無霜雪設鎮守領隊大臣一整飭巴里坤分巡鎮廸糧務兼轄哈密闢展烏魯木齊木壘等處事務兵備道一鎮守巴里坤總兵官一

古城

在甘肅肅州西六十里嘉峪關外雪山之北自關西行一千四百九十里至哈密折而北而西三百三十里至巴里坤而古城在府屬奇台縣之北偏西九十里烏魯木齊巴里坤交界至奇台縣有兩路一

自巴里坤北偏西北行九十里至蘇吉台又西九十里至肋巴泉台又西六十里至烏兎水台又西九十里至噶順台又西六十里至色必卜台又西四十里至大石頭台又西三十里至戈壁沿台又西九十里至三個泉台又西九十里至木壘河台又西七十里至奇台縣一自巴里坤西行九十里至望山驛又西九十里至肋泉驛又西六十里至湧泉驛又西九十里至巨溝驛又西六十里至盤安腰站又西四十里至盤安驛又西二十里至三泉腰站又西九十里至

三泉驛又西九十里至白水驛又西七十里至奇台縣而木壘在奇台之南九十里即東吉爾傌泰又由木壘至東吉爾傌泰由奇台至古城共計程二百三十里古城駐防携眷滿兵以聯絡各城之勢設鎮守領隊大臣一

烏魯木齊 在甘肅肅州西六十里嘉峪關外雪山之北即今廸化州自關外二千五百二十里至奇台縣自奇台縣屏營驛西行六十七里至浮遠驛又西九十里至濟木薩保會驛又西七十里至三台驛又西

八十里至柏楊驛中有紫泥泉子又西九十里至阜康縣康樂驛又西南行七十里至黑溝驛又西六十里至烏魯木齊又在吐魯番之正北自雪山之南吐魯番西北行由陽和驛四十里至蘆溝驛又北九十里至通津驛又北八十里至山陽驛又北六十里至達板腰站又北七十里至望敦驛又北九十里至鹽池驛又北七十里至烏魯木齊亦準噶爾故地也額魯特強盛時多在此游牧今俱勦滅其地土宇曠平多林木煤鐵之利水甘草肥宜滋牧放而沃野千里

堪資兵衆屯田自設鞏寧城以來商賈雲集優伶歌童技藝之輩趨利若鶩嘉峪關外繁華昌盛者此地爲最且當孔道扼伊犂門户咽喉之要路紅山觜上有廟一楹紅土堊壁故俗呼曰紅廟兒今設廸化直隸州所屬阜康昌吉兩縣城西沙岡産煤東西即博克達達巴嘉峪關西最大而著三峯孤聳氷雪晶瑩望之琉璃挿天虧蔽日月靈跡最著俗呼爲靈山山頂有池寬廣宏深中有龍藏雲氣起則雨雪隨之其下百里泥淖不可登涉諸峯蜿蜒至紅山觜止中斷

三里餘忽起高峯即福壽山也兩山斷處即嶋納斯
大河之水洶湧奔流經新城之東舊城之西向東南
流赴齊克達巴而去新城距舊城八里城東二十里
有温泉福壽山夏多雨而熱多毒蟲蛇益西北皆平
野膏田曰胡圖壁曰土克里克曰瑪納斯皆屯田之
處山南一百八十里爲松山皆合抱老松多野牲雉
肥如蠟土産阿魏壓油烏取松皮爲膏能已沉痰癆
蠱之疾設鎮守都統一鎮守領隊大臣一提督日肅
安西等處地節制各鎮總兵官駐烏魯木齊

庫爾喀拉烏蘇　在甘肅肅州西六十里嘉峪關外雪山之北自關外三千零四十七里至烏魯木齊自烏魯木齊鞏寧驛漫西南行七十里至昌吉縣寧遠驛又西七十里至景化驛即呼圖壁又西六十里至樂土驛又西七十五里至綏來縣靖遠驛即瑪納斯也又西八十里至烏蘭烏蘇台又西七十里至安集海台又西七十里至奎屯台又西五十里至庫爾喀拉烏蘇設鎮守領隊大臣一

伊犁　在甘肅肅州西六十里嘉峪關外雪山之北自

關外三千五百九十二里至庫爾喀拉烏蘇自庫爾
喀拉烏蘇西行六十里至布爾噶齊台又西六十里
至墩穆達台又西五十五里至古爾圖台又西五十
里至托多克台又西一百二十五里至精河又漫西
南行六十里至托里台又西南七十里至托和木圖
台又西南行九十里至胡索圖布拉克台中分烏魯
木齊伊犁交界又西七十五里至鄂爾哲土博木台
又西六十里至塔爾巴哈大博爾奇爾台又西五十
里至塔爾奇阿滿台又西六十里至伊犁又自雪山

之南阿克蘇北行八十里至札木台又北八十里至阿爾巴特台又西北行八十里至良噶爾台又西北八十里至圖巴拉克台又漫東北行七十里至胡期圖托海台又東北七十里至他木哈他什台又西北行一百二十里至噶克察哈爾海台又西北八十里至沙土阿滿台又西北八十里至特克斯台又西北一百里至和納海台又西北九十里至博爾台又西北七十里至察古爾台又西北九十里至海努克台又北五十里至巴圖孟可台又北六十里至伊犁正

西即哈薩克界其西南即布魯特本準噶爾故地也爲其汗王巢穴乾隆十九年阿睦爾薩納與準噶爾汗達瓦齊不和率其部落棄塔爾巴哈台欵關內附
上受其降命將征討平定伊犁達瓦齊就擒準噶爾境土盡入版圖築城一處十八里有奇曰惠遠城
特簡將軍駐劄統轄南北兩路滿漢索倫西棘察哈爾額魯特囘子兵衆分布城外伊犁南有巨澤曰賽里木淖爾其神青羊大角多鬚見則雨雹其北爲哈布塔海山溫泉出焉浴之已寒濕疾又北他爾奇城烏哈

爾里克城屯田所也阿拉瑪圖山泉水南流爲烏哈拉里克水環城西北來開渠引之入城城無井官兵賴之南流入于伊犁河又北爲他爾奇山多果木伊犁之東一百八十里曰哈什山峯嶺高峻迴環數百里其上多銀下多野獸爲將軍圍場有哈什回子之城惠遠城東北四百餘里曰博羅他拉川駐防察哈爾兵伊犁東五十五里曰巴彦岱今爲惠寧城駐滿兵惠遠城東十五里有培塿爲控俄爾鄂羅山其下多煤其陰多鐵惠寧城東十五里曰固爾扎回子城

回子耕種伊犁東北爲穆懔圖多土蛇見馬則其頭入土箏立馬腹膨然不能行馬倒則入其鼻而盬其腦伊犁北庫車托木山產元獺歲人貢東北濟喇噶朗山庫色木什客山多熊且有蘋杏山木藥草惠遠城南多雉兎伊犁河迅溜急湍然可通舟楫多白魚鰲魚水獺自哈什丕爾沁山河並山泉之水滙爲伊犁大河西北流過七百里入沙而伏伊犁河南川平而濶有八堡地曰綽霍爾曰巴圖蒙可曰沙而托海曰可特㬎曰霍集格爾曰巴克其地皆深林豐草多

狼野羊有葦湖多黄羊野豕又南八十里爲察布察爾山高峯揷雲多松柏又南二百里爲特可斯河寬迅多激浪渡以舟冬煖西流入布魯特界伊犁南四百里地爲穆肅爾達巴山千峯萬仞皆冰厚八十里有鳥遺卵冰上極寒則卵裂而鳥飛其山神乃白鷹蒼狐也山之南之東多松柏油草爲官斋牧放之地惠遠城西皆平原曰賀勒果斯川四百里曰齊七罕川駐防索倫眘兵達呼里兵北爲圖里根山博羅霍濟格爾山路通哈薩克之界又西北六百里爲阿拉

坦鄂木爾山其南為控鄂爾鄂倫山皆哈薩克之界油草最益于牧畜而阿拉坦鄂木爾多金處處禾稼暢茂享昇平之樂云惠遠城東南五百里為著勒土斯山與哈喇沙拉連界多油草額魯特土兵二千游牧其地城西南七百餘里曰他木哈山其西皆布魯特地界設鎮守將軍一鎮守領隊大臣五鎮守叅贊大臣一鎮守總兵官一

塔爾巴哈台　在甘肅肅州西六十里嘉峪關外雪山之北自關外三千五百九十二里至庫爾喀拉烏蘇

自庫爾喀拉烏蘇北行九十里至庫爾河台又北九十里至沙拉烏蘇台又西北行七十里至鄂倫布拉克台又西北八十里至烏爾圖布拉克台又西北七十里至雅瑪圖台又西九十里至沙拉活洛素台又西北七十里至色特爾莫多台又北七十里至塔爾巴哈台城又自烏魯木齊伊犁交界胡素圖布拉客台東北行亦至塔爾巴哈台此路並未安設軍台亦準噶爾故地也其種人曰打什達瓦亦額魯特之屬其地本名雅爾又曰楚呼楚即阿睦爾薩納當年游

牧之地乾隆二十年後準噶爾破滅阿睦爾薩納伏誅因而其地空虛土宇寬廣地居嚴疆南至伊犁八站以沁達蘭爲界北至哈薩克七日以玉兒淖爾爲界西至哈薩克三日以賽得爾莫多爲界東至哈爾哈六站以庫爾哈達烏蘇爲界北去俄羅斯不滿五百里爾地之卡倫相望爲北鄙緊要之區伊犁屏藩之地有鳥鳥毛類雞大者觔許肥鮮逼日棲止皆于樹杪俗呼爲樹雞老鴉正綠似鸚鵡之翼多翡翠俗取以飾扇額米爾河洶湧浩瀚中多鱘魚鯊鰉水獺

各山皆產兎鹿麞麅野雞肥大羣飛多熊其毛著黃多四不像數百爲羣接塔爾巴哈台舊在東南四站屯劄與北路之精河相對因多大雪深至丈餘有毒蛇人飲其泉往往感拘攣瘓癈瘋之疾且多白蠅爲害當觸人齧眼角輒遺蛆而去非膠粘之不出以故移駐楚呼楚改名塔爾巴哈台然奇寒大雪地處偏隅非四達必由之路哈薩克額魯特之外商賈不通人跡罕到究一荒涼地界而已設鎮守叅贊大臣一鎮守領隊大臣一

歸化城　在京師西北自京師出德勝門二十里至清河又四十里至昌平州又三十五里至南口度居庸關中有彈琴峽四十五里出關入平地名岔道又二十五里至榆林驛又二十里至懷來衛又三十里至土木堡土木距京二百里即明帝蒙塵處又四十里至保安城又四十里過雞鳴驛至上花園爲遼蕭后種花處上花園山路陡絶出此二十里地漸平又二十里至宣府自宣鎮西陽和保起至大同了角山六百四十餘里漢代郡鴈門地也由此七百餘里抵延

綏鎮又五百九十里至寧夏爲漢北郡地迤南至固
原甘肅二鎮即漢安定張掖酒泉地自宣府迤東至
遼鎮一千餘里即秦遼東遼西二郡地皆號沿邊扼
要歷代防守今悉屬內地自宣府西北行五十二里
至下堡地又八里至張家口兩山對峙中設一關環
山爲城澗水自塞外入口名曰定邊河接燕築長城
自造陽至襄平造陽在上谷界今張家口一帶是也
自口行五十里至察汗托諾亥大壩猶華言白頭嶺
也山下有河一道有蒙古沿岸穹廬以居此中有皇

莊與旗莊同蒙古雜處自此皆向西行五十里至博爾哈斯泰猶華言柳條溝也又六十里至哈喇郎又八十里至佐漢郭兒又八十里至他喇布納有古堆上有二石柱鐫蒙古朱字或云界石也又五十里入山至呼盧蘓泰猶華言葦子溝也又五十里至阿托和又五十里至三小溪又二十里至葉不孫郭兒地稍平衍清水北流土人云心肺二山相連有九十九泉池按史元太宗嘗避暑于此又三十里踰峻嶺羊腸一道又五十里出山至昌阿兒托諾又六十里至

察莫都又十五里至歸化城周圍可二里惟倉庫及副都統署瓦屋餘寥寥土屋數間而已城中有甸城碑記乃延祐七年庚申十一月日建裕齋後人李文煥撰書城南有關夫子廟留帝志二册欲使遠人知忠義也城南負郭有黑河靑塚古蹟塚前有石虎雙列白石獅子僅存其一光瑩精工必中國所製以賜明妃者也綠琉璃瓦礫狼籍似享殿遺址惜無片碣可考石磴有蒙古字譯之是喇嘛所作非古也其俗敬信喇嘛而可否惟命有少年顯者四人呼爲呼圖

克圖尊之若神明親之若考妣至梵宇之壯麗牛羊之供奉其餘事也按歸化城乃元之豐州設知州並倅官而轄于大同總管今設蒙古都統一員副都統一員管所部八千人乃扼要之地一統志王昭君墓在豐州西三十里地多白草此塚獨青故名青塚城西九里入祁連山有土城廢址疑即碑所云甸城者也遠望石峯叠翠入其中則平阜蜿蜒相傳元世帝后俱潛厝此山而不立陵墓

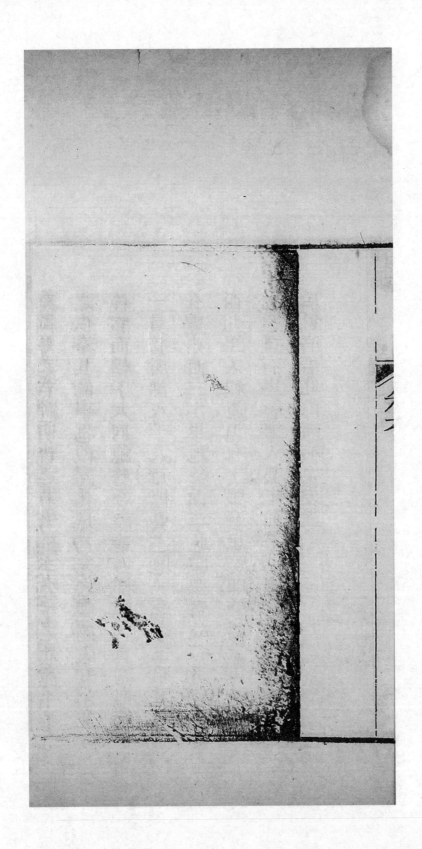

薄海番域録

邊徼一

山左武定邵大綸星巖氏述

俄羅斯　在直隸宣化府西北張家口外一千六百餘里北邊外最一大國一名鄂羅斯自古不通諸夏東界朝鮮南界中國西北隣控噶爾東西之境二萬餘里南北窄狹自千里至三千里而止康熙二十七年潛入雅克薩侵我邊陲

上遣使征討立即瓦解後復距雅克薩遣兵圍困彼勢蹙請和

特命大臣張鵬翮陳世安等往定邊界毁所修雅克薩城

並盡撤伊國久距之人而東北數千里從未入中國

之地咸歸版圖適符我

皇上數年前預料之神謀且索倫達古兒等國俱得安居

皆

皇上睿慮周詳德威遠播之所致也三十二年鄂羅斯察

漢罕遣使進貢

上曰鄂羅斯人村頗健從古未通中國距京師甚遠自嘉

峪關行十一二月至哈密自哈密行十二三月至吐

魯番吐魯番有五種落過吐魯番即鄂羅斯之境聞其國有二萬餘里漢張騫出使西域或即彼處史載霍去病曾出塞五千里想或有之今塞外尚有碑記可考至外番朝貢雖屬盛事恐傳至後世未必不因此反生事端總之中國安寧則外釁不作故當以培養元氣爲根本要務耳撈其國稱其王曰汗自察漢沒無子國人立其女爲汗以後皆傳女今已七代矣仍襲察漢罕之號其女主有所幸或期年或數月則殺之生女留承統緒謂其汗之嫡傳生男則謂他人

之種其人深目高鼻睛正碧鬚髮赤黃男女皆蓄髮以銀爲錢背其汗而以洋算戍歲好樓居接見無論男女皆接吻爲禮無跪拜之儀嗜佳茗必調糖飲之以魚爲上饌大茴爲佳品必需大黃人人皆食之無則病矣官有文武皆懸刀刑罰極嚴土產海龍銀灰鼠及喀拉明鏡玻璃等物但銀錢微缺乏耳本爲控噶爾屬國乾隆二十年以後自恃其強不肯稱臣缺獻七年之久控噶爾未經責問而鄂羅斯轉發兵侵擾其境控噶爾汗始大怒發兵大戰鄂羅斯精兵八

萬全軍覆沒又大發兵借土爾扈特精壯數萬赴敵又敗所存僅十之三以故土爾扈特恐懼于乾隆三十四年棄俄羅斯而投入中國而准噶爾兵衆十萬直壓俄羅斯國都察罕汗大懼仍復稱臣納幣外復納童男女各五百而罷其軍事焉

按聞鄂羅斯女主之立非察漢汗無子也初因察漢汗之妻逐其夫而自立其夫效秦庭之哭借兵爭鬬欲思恢復又爲其妻勒兵拒之其夫戰敗不知所終然後女主定位任意妄爲頗有所幸亦如選面首三

十人之事生女則爲嫡嗣而承統鄂羅斯雖云一姓相傳不知其幾千年然其女主各有所幸所幸之女知有母而不知其父以女嗣位已歷七傳亦所謂以牛易馬以呂易嬴耳

控噶爾　在直隸宣化府西北張家口外一千六百餘里俄羅斯之西北回子最大一國也幅幀極寬包俄羅斯東西之界益北不可考其邊境矣稱其王曰汗其大頭目亦謂之阿奇木伯克各有城池人户自萬户至十餘萬户不等均其汗之屬人也汗所轄阿奇

木伯克一千四百餘人建都之城謂之烏嚕木南北經過馬行九十餘日東西亦然城門二千四百餘處城內大江三道山河澤藪不可勝數田園類古井田之法其汗所居宮室深邃壯麗黃屋朱門飾以金玉地產黃金白銀多于石子珠璣象貝寶玉珊瑚習見不鮮自鳴鐘表紬緞氈絨尤多奇異比户豐裕不知人間有缺乏衣食之事俗重寶石以赤者為上如拳如鴿卵者人人佩之黃金為錢重二兩許通行濟用風俗醇美坦白敦實無詐偽詭譎之習知禮讓人倫

與中國暗合迥非西域各國禽行獸處之可比好諷
經禮拜天地男女皆然不喜戰爭以故國雖富強從
不無故侵凌弱國而兵皆精銳鎗及二百步箭射石
多没鏃寸許人以死敵爲勇敗歸則不齒于人寓兵
于農如有他國相侵臨時酌派應敵鄂羅斯爲其屬
國缺貢弄兵汗始大怒發兵大戰鄂羅斯精兵八萬
全軍覆没又大發兵借土爾扈特精壯數萬應敵又
敗所存僅十之三而控噶爾兵衆數十萬直壓鄂羅
斯國都察罕汗大懼仍復稱臣求和或曰控噶爾西

界亦多其屬國歲輸貢幣云

按控噶爾都城所云馬行九十餘日方能經過者蓋如中國之邊牆耳其云城門二千四百餘處者亦猶中國之各關門户耳其國奇其説而竟信其都城之大如此其然豈其然乎

喀爾喀

在直隷居庸關外宣化府西北千五百里我四十九旗蒙古之北國人身長者多衣布袍領袖鑲皮腰間細摺而野心較甚地盡沙石相雜草木不生國故有二汗左翼號土謝圖汗右翼號車臣汗康熙

二十七年喀爾喀與額諾德戰其國王及喇嘛俱敗
部落各鳥獸散國王敗走禿剌必納喇嘛敗遁無蹤
時使臣奉使俄羅斯次拏拉克帯叟即必拉喀爾喀
國人來乞援師稱向者
聖王諭旨令喀爾喀與額諾德盟好今額諾德違
旨行襲取之計今聞
王師至乞爲救援等語使臣張鵬翮等議答此乃奉
命出使俄羅斯國非爲爾國也未奉
君命豈敢進援爾國自行請

旨可也

布魯特　在甘肅肅州西六十里嘉峪關外六千五百三十里喀什噶爾之西西接安集延西北亦與伊犁連界回子一部落也幅幀寬廣人戶繁多控弦數十萬稱其君長曰比有管領愛曼自一二十至二三十不等比死立其子弟他人不能占立男不畜髮女揷雉尾于帽爲飾風俗言語與回人大同小異居氊帳游牧爲業間有耕種二麥者牛馬乳爲酒喜中國茶紬布菸燒酒人貧苦強悍好刼奪健于戰陣以故哈

薩克博羅爾等國畏之乾隆二十三年大兵征討霍
集占附近喀什噶爾之布魯特比震驚
天威截戰霍集占
上嘉悅加阿齊穆爲散秩大臣授職喀什伯里克回城之
阿奇木伯克布魯特比如故是以遵葉爾羌喀什噶
爾駐劄大臣約束歲納錢米賦稅但在其本地各愛
曼之比各君其國各子其民勢均力敵無統轄專制
之人禁忌豬肉衣窄袖斂前襟帽頂平矩方與安集
延相似

安集延　在甘肅肅州西嘉峪關外六千五百三十里喀什噶爾之西布魯特邊牆之外回子一部落也其汗最爲表著統領四城最大者曰豪汗三萬餘户爲其汗巢穴次曰瑪納噶朗二萬餘户又次曰奈曼一萬餘户最小之城曰安集延數千户耳各有頭目所轄之人皆汗之屬呼之爲阿爾巴圖乾隆二十三年以後與中國通歸入

王化有五穀瓜果菜蔬多桃數十百頃紅白成林人無髮不食猪肉皆與喀什噶爾回子同言語亦相同但衣

皆圓領窄袖開厰前襟帽無尖翅矩方上平耳善居
積權子母遍游鄂羅斯克食米爾痕都斯坦及回疆
貿易喜畜鷹圍獵而其性多儉嗇褊急

轄里薩普斯　在甘肅肅州西嘉峪關外六千五百三
十里喀什噶爾之西安集延之外西域別一種類馬
行三十日沙格普魯城塔里扈魯斯城色里卓衣城
皆其部落土産黄金葡萄梨吉而棉花尤盛人多巧
思精于工藝且習邪僻妖魅之術而風俗淫惡不可
以言語形容惟男色是好男女皆爲龍陽其塔里扈

魯斯城內有一墩建于城之中央高數丈他國人入其城瞻視其墩心神迷亂即登其巔逾時而醒手握二銅錢已被雞姦矣雖老醜秃髯皆不得免葉爾羌庫車回子有曾誤入其地者醉後往往自道其詳言之鑿鑿也按回地有劈里之妖好棲人屋隅爲祟中之輙發狂疾惑男則女惑女則男人形長四五寸病者見之他人不能見也回子中有能勅勒而制之者謂之劈里渾其法取生人支解其妖即滅劈里渾復頻頻急誦其咒則支解之人斷體自續而復生自歸

王化後不敢支解人惟施之雞犬無非荒遠邪僻之習以術行淫人亦妖也以術行汚穢之淫妖所不爲者也

博羅爾　在甘肅肅州西嘉峪關外六千零三十里葉爾羌之西西域別一種也以土築屋而居有村落不禮拜不把齋不知字記不通回語飲食無避忌惟衣帽與安集延相彷男女無別無人倫弟兄四五人共娶一妻次第歇宿以靴掛門爲記生子女以次第分認無兄弟者與戚里夥之次以畝地瘠人貧以人爲賦納于其王及頭目生子女若六七取二生四五取

二生二三取一所取者盡鬻于痕都斯坦哈薩克安集延及內地回疆爲奴性多怯懦往往爲布魯特沙闢記擄掠人口鬻于各處亦不能較

布哈拉　在甘肅肅州西嘉峪關外六千零三十里葉爾羌之西馬行二十五日至其地回子之一國也其城垣壯濶闤十二門以十二辰布之稱其君長曰汗土宇曠平人户強盛氣候炎熱冬無霜雪大麥穀豆歲皆三收瓜兩熟葡萄桑果皆盛人富饒工于製器多技巧以金銀銅爲錢俗重禮拜城內外禮拜寺二

百餘處如私飲酒不馬納茲者即爲賊人擒赴禮拜寺塔頂擲殺之土産骨種羊黑者多灰色者十不得一其河多各種魚

拔達克　　在甘肅肅州西嘉峪關外六千零三十里葉

爾羌之西馬行三十日至其地原作巴達克山今遵國朝同文志改回子之一國也文字規矩與內地漢回同聳山環繞田土膏腴人知耕牧衣帽與安集延同風俗淫佚無人倫尤喜男色霍集占兵敗逃入拔達克欲向痕都斯坦而逸其汗素爾坦沙起兵截阻與

之大戰霍集占及伊兄布拉敦皆死獲其眷屬獻户
中國爲後爲退木沙爾所滅今又漸集千户矣
按拔達克敬
天朝而獻逆尸其尊君敬上之心實爲可取惜乎淫佚成
風卒致亡國也

郭酣　在甘肅肅州西嘉峪關外六千零三十里葉爾
羌之西南馬行四十餘日至其地回子之一國也居
有屋宇食資耕牧田園瓜果在在種植衣帽飲食及
馬納滋禮拜皆與回子無異但言語不通經咒異耳

稱其君長曰汗其人短小男婦皆長二尺餘魁梧俊偉者不能過三人尙氣好鬥人笑其矮輒抽刀併命其地萬山環繞產羊高八九寸長尺餘肥膩而甘牛高二尺許駝大如內地之驢驅其羊千萬至葉爾羌貿易換茶布而去其地白楊高于江葦麥顆大于菊粒夙聞異域有僬僥之國人皆三尺東方曼倩以西北大荒有小人之國人皆七寸朱衣元冠海鵠吞之豈其類與其人旣小乃飛潛動植之物俱從之而收縮亦天地餘氣之所及也

退擺特　在甘肅肅州西嘉峪關外六千零三十里葉爾羌之西南和闐之正南馬行四五十日至其地西域別種也土宇遼濶與後藏連界無城郭鑿山石爲穴而居其人耳墜金環衣圓領尖袖服氈毯風俗敬火每辰以柴引火焰起則羅拜叩禱地多墝磽乏出產少牲畜外出謀生葉爾羌喀什噶爾有其人勤儉刻苦其汗亦不富饒取其屬下子女鬻以自給

音底　在甘肅肅州西嘉峪關外六千零三十里葉爾羌之西南馬行六十餘日至其地西域一國也其地

富饒多寶貨時與葉爾羌交通貿易挾內地瓷茶大黃而去其人深目高鼻多鬚而非囘子種類飲食無所避忌言語亦不與囘子通衣帽與囘子無異而右衽持物則以左手其國敬牛家畜一頭築精舍處之男女朝夕禮拜祈禱默佑金鑲角蹄披以文繡飼以膏粱金銀絲緞爲褥厚絮以供之滌器必牛糞拭之以爲潔而後貯食所居屋宇田園所耕禾麥瓜豆皆與囘地相似但入囘疆貿易見囘子殺牛則痛詈之以爲非人類也

克食米爾　在甘肅肅州西嘉峪關外六千零三十里葉爾羌之西南馬行六十餘日至其都會中隔氷山一道人畜至此土人駝牽而過西域回子一大部落也其人深目高鼻黄睛多鬚衣類布魯特性巧精鬭掞之術能引水上樓頂自簷下垂如水晶簾其地沃野其時和煖無大暑嚴寒以是多五穀奇花異果尤多名香檳榔柚棕白檀紫降重宴會喜歌舞聚飲花燭之夕輒有物入洞房新婦昏迷聽其淫汚而去亦不知其爲何物也本夫次日合卺萬千不爽人多富

饒好與販營運善權子母其湖河多通海洋地近痕
都斯坦
痕都斯坦　在克食米爾西南行四十餘日至西域回
子一大國也其汗都城圍六十餘里所屬部落自萬
户至十餘萬户者三百七十餘城其人率深目高鼻
繞喙多鬚睛黑白如琉璃面黑色而唇青語言類鳥
鳴衣倣前襟自領至腹鈕二十餘釦帽纓花布帛錦
爲飾日出極炎穴地爲居亦有樓閣但不出地平室
極精巧富者飾以金玉故入其城村似曠邈無人烟

耳以夜爲市能金漆雕鏤善攻玉器大而薄如蟬翼細可如髮鏤金銀如絲織紬緞毯布貨于西域各國米穀花木瓜果菜蔬罔不繁植且多異種柑橘尤多綠竹白杉檳桄橦棕在在成林冬夏皆熱木不凋零但夏則熱風烟瘴耳山水秀麗花木分葩郭外巨澤一携眷乘舟游者經旬累月比比皆然貴中國瓷器以白玉碗交易地多瘴癘爲害有面生贅瘤引之而長放之則卷者人有病食大黄宴貴客以代茶茗經年不見則死以故人佩大黄常舌舐鼻嗅之以象耕

亦以之載物致遠有馬牛無駝羊不知游牧之事國中有玉山而白金必價與黃金等江河通洋海闊廣海航到焉城中西隅有巨澤一圍數千里中有山圍踰千里萬峯聳秀高入雲表人間第一高山也山多異草名香彩馴之獸人語之禽靈蹟最著土人名之曰章各里麻坦達喇斯出獅子秋月皎潔負雛游山頭大尾虬黃質黑章長六七丈有奇登峯絕頂望月垂涎盤旋跳舞往往猛飛吞月飛去八九里墜死山谷國人以豢獅爲上户每于秋月擇炮手之最精者

開地爲阱入處其中遇有獅負雛[illegible]而來者潛以砲斃之而取其子砲不中則撅山裂石人無噍類矣取至國中以精鐵爲柽圈之飼以牛時而一吼聲如雷屋宇震動

哈拉替艮　在安集延之南西域一部落也地皆崇山峻嶺無膏腴平曠之田人户寡弱數千家耳稱其君長曰比無髮不食猪肉與布魯特無異氈帳爲居打牲爲業間亦耕種逢春布種則游牧而去秋歸收穫而巳冬嚴寒大雪則皆擇山坳温煖之處架大木蘆

輩而居人畜同處其中大雪之年有深二十丈者次
年二月雪消始出地産獨峯駝
退木沙爾　在拔達克山之西地界相連回子一國也
人户七八萬家地皆崇山峻嶺草肥水甘宜于牧放
無城池屋宇以氈帳爲家游牧爲業間亦耕種二麥
以牛馬乳爲酒稱其君曰汗衣圓領敞前襟袖束腕
帽方平靴以牛羊韋爲之鐵釘密布其底與安集延
裝束相似馬牛駝羊徧滿山谷家各以千或萬計無
貧乏人而強梁好鬥時出刧奪有十萬精強之衆乾

隆二十三年布拉敦之子薩木薩克逃至其地其汗留之後薩木薩克以其家屬人口之羈拔達克山也求退木沙爾爲之乞還素爾坦沙不從兩國交兵二年素爾坦沙大敗拔達克山囘子爲其所滅敖罕之汗聞之大怒以退木沙爾自殘隣好因大起兵與退木沙爾爲敵一鼓而滅之退木沙爾汗亦被族夷人口皆遭屠戮薩木薩克被擒去不知其存亡因而其地空虚四五年來逃亡人户漸集故地者不過千餘戸耳

按退木沙爾以膏腴深險之邦十萬精强之衆使其保境養民豈至一朝殄滅顧釁端起于小忿兵事動而無名肆殘害于東隣固倖首難之咎啟責言于西界因成再覆之車卒之身死國亡族類絕滅不必哂乎其愚正堪傳之爲戒者矣

敖罕

在退木沙爾之西痕都斯坦之東南西域一大國也亦呼之謂愛烏汗回子謂之克則爾巴什譯言紅頭子也廣寬數千里都城壯麗富饒多寶物其人種類各異在國都者衣倣前襟兩袖緊束自腕至胸

皆密布鈕鈿腕下另垂袖五七寸帽以布帛花錦纏褁高尺許上尖前指如螺各蒂刀劍有與回子及安集延相似者有耳墜金環與退擺特相似者又一種目益深鼻益高碧睛茜鬚爲赤多强力好殺其名山大川之中有烟瘴多猩猩蟒蛇虎豹熊羆之屬多象耕田負重皆用之其汗出游所需象以千計無人倫不可以言語形容尤重男色人人各有俊童同卧起其幸童之袴緊束而以細鐵鎖之慮有外遇也無牛見之以爲奇異一種人圓領大袖如漢唐之衣冠豈

其遺種與

塞克　在敖罕之西西域一大國也幅幀寬廣部落數百各有統轄皆其汗之臣僕奉其教令事歸畫一無跂扈之習都城宏濶户逾百萬築室而居喜寬敞潔淨畜髮辮帽圓簷袍長袖尖襪微短袖寬及腕而止人家院落中各立木杆一株向之祭拜氣温和無嚴寒大暑耕牧爲生田土肥腴産五穀稻蔬瓜果牛馬駝羊遍滿山谷五金珠寶畜牝繁生家俱富饒俗尚宴會喜歌舞而食以猪爲上饌祭天祭神皆用之家

畜猪百十爲羣秋冬之際好打牲挾弓矢入山獸遇之無得脫者且多力善射各有標鎗五枝長四五尺百步內發必中亦有自來火鎗而不常用臨敵決戰遠則標鎗近則弓矢勇敢無倫與敖罕連界敖罕之人甚畏之

按塞克西域最遠之大國去葉爾羌西二萬餘里或曰其西北之境與薩穆控噶爾相連亦或曰與阿剌克等國犬牙相錯大抵皆世所傳之大西洋也

哈薩克　在伊犁西北六百餘里西域一大國也即古

大宛乾隆二十一年

大兵進勦入其巢穴其王阿布賴歸降受封奉正朔地入
版圖無城郭屋宇無農桑五穀氊帳游牧分布散處
平岡漫嶺生草皆綠葉白根出良馬食之易于腓字
稱其君長曰比相呼皆以名今其王名阿布賴其人
皆稱曰阿布賴比也無刑罰紀律不聽其王號令有
惡則衆議罰之小則罰牲畜大則殺之而分其畜亦
不鬬白其王即禦外侮亦其王與衆會議不願者不
能強自歸降後歲納中國之稅馬牛百取一羊千取

一爲幅幀遼濶人户殷繁多牲畜富者馬牛羊各以萬計娶妻數人分布而居其夫輪流憂處即貧者亦有馬牛數百羊數千無困苦乏食之人生子十六歲輙爲之娶妻與以牲畜使之自爲經理宴會以馬牛駝羊爲饌馬湩爲酒器用木碗盤富者以銅錫爲之以衣多爲華美雖暑月炎熱亦被衣八九襲喜中國毳茶梭布片金倭緞之類紬緞絲綾不甚愛重風俗與回疆相似但不知禮拜諷經間有食猪肉者貴男賤女婣嫁男女以歌互調者成偶有似蠻人跳月之

風哈薩克有兩種其西北界之哈薩克未通中國人
戶尤強盛云
羅布淖爾　在甘肅肅州西六十里嘉峪關外雪山之
南自關西行二千四百九十里至吐魯番吐魯番之
南皆戈壁即瀚海其西南五百餘里爲羅布淖爾即
星宿海也漢書之鹽澤即河源之自關展西至和闐
星宿海非火敦腦爾
四五千里之南自和闐南至後藏四五千里之東周
迴萬里皆星宿海湫無人烟間有道塗非戈壁即泥
淖難以往來直峯側嶺曠野平川無地非泉或如鏡

懸或如瀑布或萬點湧地而出如珠之走盤或錯落散布而來如星之纏度水色赤黄泉數難以萬千計派流莫考沮洳無垠無一非洶湧旋流之水加以雪山之陽回疆數千里各河東南長趨俱滙于羅布淖爾爲黄水極大之湖瀠洄渟滀旋轉而伏其東其北皆峻嶺高峯以障蔽之伏流千里出山始見黄水一綫自山下湧出如溝如渠寧夏之人且灌且淤以享其利東北廻環入中國即黄河也羅布淖爾有二村即名羅布淖爾人户各四五百家其人不耕五穀不

知游牧以魚爲食織野麻爲衣取天鵝絨爲裘臥藉水禽之翼言語與回子通曾不知諷經禮拜之事時有人入庫爾勒回城不能食牲畜之肉穀麥之食食之即大吐不止以庫爾勒多魚故來他處則不敢往矣爲闢展屬地時赴叩謁則裹魚爲糧其地有伯克

按古云葱嶺之水東爲河源西歸洋海履其地而驗之信然其在羅布淖爾爲宇内最大之湖洞庭彭蠡僅敵其半自後藏西南各國雪水經番地其半伏流千里入中國止一線黃流耳至中州浸淫漸大而爲

害矣

阿諦國　在西海之濱今甘肅肅州西嘉峪關外俄羅斯之西北控噶爾界與之接連蓋極西之地矣其男子率長二三丈無屋宇擇山坳林麓而居無鎗炮而有弓矢刀槊矢及一二里許然性怯懦畏鑼鼓之聲其婦人艷麗狡好長不過數尺一如人形夫婦亦如常人但長短倍蓰不能生育沐浴而孕且生啖人奇與禽獸無異常與控噶爾戰鬭得人焉則裂而啖之控噶爾亦喜其婦人顏色列巨鑼大鼓千百成行奮

力簖擊多施鎗炮葯烟霧迷聲震天地其人皆戰慄
恐怖竄伏于深山窮谷莫敢支吾俟其竄而伏也虜
其婦人而去

沙闗記附　在甘肅肅州西嘉峪闗外六千零三十里
葉爾羌之正西馬行三十餘日至其地本痕都斯坦
境沙闗記者同子人名也爲霍集占黨類
大兵平定回疆霍集占兄弟伏誅沙闗記逃之痕都斯坦
無人之處苟延性命同時逃竄之同子及額魯特人
等漸集其地羣擁沙闗記爲尊有羣五千八鐵甲三

目副烏鎗五百遂自立爲阿奇木伯克占據空濶之
地造舍墾田以營生計凶暴好殺時掠博羅爾人口
販賣自肥且中道刼奪漢人回子貨物西域之劇賊
也與葉爾羌阿奇木伯克鄂對本係仇敵乾隆四十
一年鄂對之買賣回子諜入其地擒縛欲殺與黨熟
議畏
天朝之威乃不敢殺置地牢中四十日沙爾記忽自將其
父母妻子俱綁出呼鄂對之買賣回子令看而問鄂
對在葉爾羌敢殺人否答以不敢沙爾記大笑云鄂

對不敢殺人如何算得健男子我不但殺人且敢殺
我之父母妻子遂俱淩遲處死放鄂對之回子使歸
告鄂對後其屬至葉爾羌鄂對亦擒至地牢六十日
放出令其看視人户城池牲畜器械寶玉毳緞之類
畢遂令步回使告知沙闢記云鄂對之利害如此

薄海番域録

重譯一　山左武定邵大緯星巖氏述

朝鮮　即高麗東國最古之國也古肅慎氏之地周封
箕子于此爲朝鮮今
盛京奉天府其國東西南皆瀕海北隣女直今開原西
北至鴨綠江在奉天之東六百五十里秦屬遼東外
徼漢初燕人衛滿據其地武帝定朝鮮爲真番臨屯
樂浪元菟四郡昭帝并爲樂浪元菟二郡漢末爲公
孫度所據傳至孫淵魏滅之晉永嘉末陷入高麗高

麗本扶餘別種其王高璉居平壤城即樂浪郡地唐征高麗拔平壤其國東徙在鴨綠水東南千餘里即今高麗國也五代唐時王建代高氏闢地益廣並古新羅百濟而爲一建都松岳以平壤爲西京歷宋遼金元朝貢不絕四百餘年未始易姓元至元中西京內屬畫慈悲嶺爲界明洪武二年其主王顓表賀即位遣偰斯賜金印誥封高麗國王三年遣使祀其國山川會定取士格詔許高麗安南等國貢赴京師四年賜高麗貢士金濤第二十五年李成桂廢其主瑤

而自立其國都評儀司奏瑤信誣好殺子奭亦癡騃非門下侍李成桂莫可主國事上曰高麗僻處東裔非我中國所治從其自爲聲教成桂更名旦請改國號詔仍稱朝鮮以從朝貢不絕成桂者全州人自言遠祖翰仕新羅爲司空六世孫競休入高麗至成桂凡十七世竟代王氏有國上以荒裔置不問心固弗喜也昔之祖訓曰李仁人及子成桂今名旦者自洪武八年至二十四年首尾弑王氏四王姑待之天啟七年我

大清兵破義州入平壤其主倧走孤島旋反國崇禎十年
再破王京倧降又走江華島執其世子更立王其國
東西二千里南北四千里至　盛京一千八百里北
抵長白山自其國城過鴨綠江至　京師三千五百
里分八道中曰京畿東曰江源西曰黄海南曰全羅
東南曰慶尚西南曰忠清東北曰咸鏡西北曰平安
分統府州縣山川九都神嵩北岳海鴨綠江爲大又
有江曰大定曰大同而漢江最勝俗柔謹崇釋尚鬼
惡殺喜讀書衢路悉搆嚴室號扃堂未婚者尃處誦

經習射戴折風巾服大袖衫居皆茅茨衣多麻苧色尚白男女相悅爲婚死三年始葬法無苛條犯賊及再嫁書名三司子孫不齒人首無枕骨背偏短高麗志乃其本國人徐敬復著東國史名人集共百餘家

日本

古倭國惡其名攺焉隋大業中致書云日出處天子致書日沒處天子其命名取此也地東西南北各數千里西南至海東北隔以大山去遼東甚遠去閩浙甚邇其朝貢向由浙之寧波以達京師東洋海中國倭最大有五畿七道三島共一百十五州統五

百八十七郡附庸國百餘自北岸去拘邪韓國渡一海千餘里曰對海國又南渡一海千餘里曰尹都國又東南百里曰奴國又東百里曰不彌國又南水行二十日曰投馬國又南水行十日陸行一月曰邪摩維國即大倭王所都地名彌耶穀譯曰京自是而東而南曰斯馬國已百支國伊邪國郡支國彌奴國好古都國不呼國姐奴國對蘇國蘇奴國呼邑國華奴國鬼國爲吾國鬼怒國邪馬國躬臣國巴利國皮羅國烏奴國竹斯國秦王國皆倭所屬日本與中國通

貿易者惟長崎一島其京在長崎之東北陸程近一
月國王以王爲姓歷世不易軍國政事柄于上將軍
王不干預僅食俸米受上將軍貢獻朝貢而已易代
爭奪不爭王而爭上將軍倭人記載昔時上將軍督
篡奪之山海應貢之物不產五穀不登退居臣位然
後順若如故至今無敢妄奥者官皆世官世祿漢光
武中始通中國後國亂國人立其女子曰卑彌呼爲
王其宗女壹與繼之後復立男王並受中國爵命歷
魏晉宋隋皆來朝稍習夏音唐咸亨初惡倭名改日

本或云日本乃小國爲倭所併故冒其號開元貞元中其使有願留中國授經肄業者宋熙寧以後來皆僧惟元世祖招之不至命范文虎等率兵十萬征之至五龍山暴風破舟敗績終元之世使竟不至明洪武四年國王良懷遣僧祖朝貢其後數歲一來不絶然屢爲邊患終明之世嘗備倭焉而受害浙最劇次南直次閩又次粤其國人皆覆姓其單姓者徐福配合之童男女也徐福所居之地名曰徐家村其塚在熊指山下其國男子年五十餘陽多痿奴者僂也故

呼之倭奴俗敬佛向中國僧敬祖先嗜酒信巫輕生人壯健刀最利裸身負鬥慣舞雙刀輕儇跳躍爲蝴蝶陣以揮扇吹海螺爲號船大者容三百人男子魁頭斷髮黥面文身婦人拔其眉黛其額髮垂肩續以髢長曳地治容者黑其齒衣如單袱穿其中以貫首皆跣足間用屐向所統屬國二朝鮮琉球北對馬島隔一洋與朝鮮爲界南薩峒馬與琉球爲界二島之主俱聽指揮氣候與山東江浙齊長崎與普陀落伽山東西對峙水程四十更福建厦門至長崎七十二

更北風從五島門進南風從天堂門進對馬島坐向
山東登州薩峒馬坐向浙江溫台嘉靖間倭寇者薩
峒馬也然率海上奸民乘機鼓煽眞倭僅十之一二
其國王絕不聞薩峒而南爲琉球也水程六十八更
中山國是也自日本琉球而東水皆東流莊子所謂
尾閭洩之不知何時已而不虛也其國初無文字五
經佛經得自中國今所傳有法濟大師齋然敵戒嚴
王師行成表及全俊天祥機先大用左省嚐哩嘛哈
諸詩又有吾妻鏡三十本紀本國事蹟吾妻者島名

也

琉球　在福建泉州府東海島中古名流虬未詳何國以其萬濤蜿蜒若虬浮水中或云流求或云留求在中國東南自福建梅花所開洋順風利舶七晝夜可至所轄有古米太平馬齒硫黃熱壁灰堆移山七島並隔海外漢魏以來不通中國隋大業中令朱寬訪求異俗始至其國語言不通掠一人以返後遣陳稜率兵至其都虜男女五千人還唐宋時未嘗朝貢元招之不至明洪武五年遣行人楊載齎詔往諭其國

分爲三中山王察度山南王承察度山北王帕尼芝
並遣使貢方物且請封十五年賜中山王山南王金
印文綺明年賜山北亦如之二十五年上賜閩人善
操舟者三十六姓自後三王嗣封皆請于朝即福州
南臺外置番使舘遞至京永樂後國王世稱尚氏後
惟中山來朝其二王蓋爲其所併云終明之世未嘗
缺貢
本朝爲屬國職貢不絕按康熙二十三年汪楫冊封琉
球歸作中山沿革志進呈

御覽云世系沿革彼國有厲禁秘不以告多方購得琉球世纘圖一卷令譯者以漢文釋之知其自南宋始稱王元延祐間國分爲三中山山南山北明初三王入貢受封宣德中復合爲一自宋及今代已四易所謂姓歡斯者無據謂皆尚姓者亦非也其圖云大琉球國中山王舜天以來世纘圖　舜天　舜馬順熙　義本　英祖　大城　英慈　王城　西威　察度始通中國　武寧　尚思紹　尚巴志　尚忠　尚思達　尚金福　尚泰久　尚德　尚圓　尚宣威　尚

眞　尚清　尚元　尚永　尚寧　尚豐　尚賢
尚質　尚貞即今襲封世子又疏言中山王尚貞親詣館舍
云下國僻處彈丸常慚鄙陋執經無地嚮學有心稽
明洪武永樂年間常遣本國生徒入國子監讀書今
願令陪臣子弟四人赴京受業云云部議史載唐貞
觀中興學校新羅百濟俱遣子入學琉球自明初始
內附會典載大琉球國朝貢不時王子及陪臣之子
皆入太學讀書禮待甚厚又載洪武永樂宣德成化
間琉球官生俱入監讀書今該國王尚貞以本國遣

被

皇仁傾心向學懇祈使臣汪楫等轉奏願令陪臣子弟四人赴京受業應准所請聽其遣陪臣子弟入監讀書云云今在南雍處以光哲堂歲時給衣物如例向慕

文教琉球于諸國爲易篤

國家待之亦爲最優云旣遣人入國學奉正朔設官職被服冠裳陳奏章表有華風焉宮室建于山巔國門扁曰歡會府門漏刻殿門奉神門子爲親喪數月不食肉人死以中元前後日浴尸溪水去腐肉取骨裹

以布帛藏山穴竅木爲小牖歲時祭掃啟視之俗畏神以婦人爲尸女巫之魁稱女君白日呼嘯聚數百人挾枝帶草步騎縱橫入王宮游戲一唱百和聲音哀慘來去不時王率世子陪臣頓首百拜國人有謀不軌者神即夜告王擒之倭寇時有欲害中山王者神禁錮其舟易水爲鹽易米爲沙尋就戮矣學書及武以倭爲師衆驍健好爭鬭輒及殺人度不免即剖腹自斃故海外稱勍國焉又有小琉球近泉州天霽登鼓山可望見其人盛聚落無官長習鏢弩少舟楫

不過朝貢琉球東鄰國有三島者三山鼎峙民倚嵎而居田瘠少收網魚于海織布爲業國人附船至中國雖罄其貲得歸本處父兄稱能事焉

呂宋

在福建臺灣府鳳山縣沙馬崎之東南廈門水程七十二更北面高山一帶遠視若鋸齒俗名竿牛坑山有土番屬于呂宋與沙馬崎西北東南遠拱中有數島惟一島與臺灣稍近者曰紅頭嶼有土番居住無舟楫往來呂宋在東洋中國甚小以産黄金故富厚今爲干絲臘所屬之國一名梅林臘人淳樸無

爭訟出入佩刀亦時禮佛誦經明洪武七年同瑣里諸國貢方物萬歷四年助討逋賊有功亦貢道福建其地去漳近故多賈舶今附廣東香山墺貿易初佛郎機從大西洋來自稱干絲臘國與呂宋互市因上黃金爲王壽求地如牛皮大葢屋王許之佛郎機乃剪牛皮相續爲四圍求地稱是王重失信竟予地月徵稅因築城營室列銃置刀盾久之圖呂宋殺其王而地併于佛郎機矣王遣酋來鎮一歲數易華人販呂宋既聚留居澗內名壓冬至數萬酋奴視華人而

中使採金之使四出有妄男子張嶷詭稱吕宋機易山生金豆萬歷三十年詔遣王時和往勘酋聞大駭盛陳兵圍迎丞入詰問華言開山山各有主安得開且金豆生何樹丞數目嶷嶷無以應酋大笑欲兵之丞悸死嶷坐誅然酋益疑華人且决討殲諸流寓矣遂謬言將征他島凡華人寸鐵厚鬻之乃刻期攻華人擒殺無算華人走保大崙山飢甚復擊殺萬餘存者三百人耳頃之酋悔禍下令詔撫賈舶復稍稍去三十三年詔遣商諭吕宋無生事其後留者復成聚

云或曰呂宋相連曰吶嗶嘽在海畔稍紆入山曰泓璠其俗椎洗耳垂金鐶兵剪錦綺最奉佛所至拜寺尤嚴男女之禁盜無大小論死孕婦以水灌之所生子置水中又有班隘者不受佛郎機部署皆呂宋鄰國也佛郎機未據呂宋時先娶朔霧與其國人親好其破呂宋朔霧與有力焉今以大酋擁兵守之且通婚媾居然一附庸矣南即網巾礁腦再南即蘓祿

蘓祿

在福建東南大海中呂宋之南近浡泥瑣里廈門由呂宋至蘓祿水程一百一十更由呂宋正南而

覩有一大山總名無來由息力大山山之北爲蘇祿其國分東西峒有三王明永樂十五年東王巴都葛叭答剌西王麻哈剌叱葛剌麻丁峒王叭都葛巴剌卜並率其屬三百餘人來貢方物各給印誥封爲王東王歸次德州卒命葬以王禮令其子都麻含還國留次妃葛木寧次子安都祿等守墓歲支米七十五石萬歷中奉裁其五世孫安守孫奏復之貢道由廣東今商船所至城頗據天險疑峒王所都聚落不滿千家佛郎機屢攻之不能克地瘠少種植食魚蝦螺

蛤織竹布爲業國人短髮纏皂縵腰圍水印花布煮海爲鹽釀蔗爲酒

婆羅

在福建泉州府東南海中呂宋蘇祿之南馬神之東爲東洋盡處西洋所自起一名文萊負山面海俗素食念佛嘉施惡殺民食猪肉論死有東西二王明永樂四年各遣使來朝相傳國王閩人隨鄭和往因留鎮焉王府旁有中國碑番人嫁娶請王金印印背篆文獸形云是永樂間賜王祝髮裹金繡巾腰背雙劍步行其親屬稱邦奇蘭嚴重亞于王向有木石

二城以築岸閉潮折石城于長腰嶼止存木城先是佛郎機來侵國人走山谷流藥水出佛郎機多毒死因併呂宋或曰即古師子國在西海中延袤二千餘里多産奇寶四序暄和稱樂土宋淳化中闍婆使者來言其隣國有婆羅門者有異術人相危害能先知之婆羅門即天竺也

猫里務　在福建臺灣府鳳山縣沙馬崎之東南一名合猫里地小土瘠多山山外大海饒魚蟲人亦知耕稼明永樂間來朝貢地隣呂宋漸成沃土俗亦近馴

舶人語云若要富須尋猫里務有網巾礁老者蕩舟爲盜海上往來甚駛其國重遭寇掠遂轉貧困賈舶多指別島

古麻剌

在福建泉州府東南海中明永樂十八年國王斡剌義亦敦奔率妻子陪臣來朝貢方物請封給印誥令仍舊號次福州卒賜謚康靖敕葬閩縣有司歲時祭焉其國有州百餘佛宇至四千區南有層掇國在大海中西接大山其人大食種地多崖谷産象牙生金

吉里地悶　在福建泉州府東南海中重迦邏思吉港之東巫來由之南滿山皆栴檀至伐爲薪田肥宜穀氣候苦熱蒸人午必俛首向水坐差可避瘴男女斷髮短衫俗以立爲尊不知年歳無文字以石片記事如干石則總于繩爲一結訟則兩造各牽羊曲者没之蓋猶有結繩束矢之風爲商舶所聚有十二所每艞至王必出臨之曰輸稅亦不苟也又有礫里在東南海中大洲上人淳少訟尙佛又有日羅夏治海中小國頗知種藝奉佛鮮盜俱明永樂三年來朝貢

蘓吉丹　在福建泉州府東南海中今訛爲思吉港即闍婆文國東至海水勢漸低女人國在焉踰東則尾閭所泄非人世矣王五色布纏首跣足出蔽以傘從者五百餘剪髮裸體以布束腰或曰思吉港聚落頗衆而吉力石其主也國在山中賈舶僅經其水次華人泊饒洞貿易洞曠衍以石爲城酋長乘車御馬鹵簿皆備風俗大類下港土人以紙蔽下體種豆供食射鹿佐酒

荷蘭　即紅毛番在福建泉州府之正南廣東潮州府

之西南爪哇之北西南與佛郎機接壤自古不通中國時駕大舶横行爪哇大泥間及聞佛郎機據吕宋得互市香山嶴心慕之明萬歷二十九年忽揚帆濠鏡欲通貢嶴人拒之乃走閩閩人李錦久客大泥與荷蘭習説其酋麻韋郎曰若請市無以易漳漳海外有彭湖嶼可壘而守也巨璫在閩第謹事之無不如意者三十二年遂詐爲大泥國王書移閩當路及中貴高寀而以巨艦尾至彭湖時海上汛兵俱撤酋伐木駕廠如履無人之境當事繫錦並前所遣猾商潘

秀令諭酋還自贖並遣材官捧檄往乃多賫酒幣覬厚償海上奸民又潛移華貨私與市酋益生心覬望而璫寀貪其賄許以三萬金爲壽已而當事嚴戒兵民接濟疏請聲勅酋度坐困遂宵遁錦秀等論如法旋奉旨傳諭大泥國移檄和蘭毋爲細人所誤維時閩海稍寧而本酋習華境曲折心不能無他覬兼之海上利其金錢勾引寔繁有徒四十五年更從呂宋港口迎擊華商爾後遂大入彭湖距爲三窟矣其人深目碧瞳長鼻赤髮閩人呼爲紅毛番又稱紅彝云

舟長可三十丈横廣五六丈樹五桅凡三層旁鑿小窓置銅銃以俟桅下大銃長二丈餘中虛如四尺車輪云發此可洞石城舵後銅盤大經數尺往來海道不迷稱照海鏡奉事天主甚謹役使烏鬼行巨浪中如平地本不習戰因中國驅逐始募倭衛鋒所恃惟銃今紅夷銃法盛傳中國佛郎機又爲常技矣

國朝康熙六年始入貢二十五年臺灣平設郡縣其王耀漢連氏甘勃氏遣陪臣賓先吧芝復奉表進貢表詞有云外邦之丸泥尺土乃是中國飛潛異域之勺

水蹄涔原屛

天家滴露云云

瓜哇　古闍婆國一名莆家龍今稱下港在荷蘭之南蔴門答剌之北舊傳鬼子魔天與象罔合生子百餘啖人血肉佛書所謂鬼國也忽一日雷震石裂中坐一人衆異之奉爲國王遂領兵驅逐衆魔而不爲害今稱文後書一千三百三十六年考之始肇自漢初云東抵古女人國西抵三佛齊國南抵古大食國北抵占城國劉宋元嘉中始通中國唐曰訶陵宋仍曰

闍婆元封爪哇國王明洪武初其王昔里八達剌遣其臣八的占必等朝貢納元所授宣敕二道自是朝貢不絶後其國分東西二王永樂五年西王擊東王滅之自福建泉州南發舟至杜板僅千家二酋主之流寓皆閩廣人東行半日至厮村中國人成聚因名新村約千餘家番船至此互市又南水行半日至淡水港乘小艇二十餘里至蘇魯馬益米糧所湊亦千餘家半中國人又水行八十里至漳佑陸行半日至其國王居宮室高三丈方三十餘里地夾板蒙藤花

席跏趺而坐蓬頭頂金葉冠胸縈嵌絲帨佩短刀跣足跨象乘牛男子猱頭猓身女子椎髻葬有水葬火葬犬葬以十月爲歳首市用中國古錢書同瑣里無紙筆以刀刻葉上國人三種西番賈服食雅潔唐人尚囘囘教持齋受戒土人坐卧無椅榻飲食無匙筯啖蛇蟻虫蚓至與犬同寢食

重迦邏　在福建泉州府東南海中與爪哇接界高山石洞前後三門可容一二萬人氣候常暑風俗頗淳國無酋長惟高年有德者主之又去數日程曰孫陀

羅曰琵琶拖曰丹重曰員嶠曰彭里不事畊作專尚寇掠與吉陀崎諸國相通商舶少至

丁機宜　在福建泉州府東南海中地近柔佛屢為所侵始通姻好幅員最狹酋衆僅千餘以木為城王居列鐘鼓樓出入騎象與華人舟中互市歲首十月盖奉瓜哇正朔也

蘇門答剌　在廣東瓊州府西南占城之極南滿剌加西南五晝夜至答魯蠻村舍舟陸行十餘里至其國古須文達那國或曰漢條支唐波斯大食即其地也

東南大山西北距海爲西洋要會無城郭有大溪入
海濤口甚惡明洪武中來貢永樂三年五年俱入貢
詔封國王頃之花面王與王戰王中矢死子瑣丹罕
阿必鎭幼未能復仇其妻號于衆曰能復仇者我以
爲夫與共國事有漁翁出攻殺花面王王妻遂從爲
稱爲老王七年老王來貢詔厚賜之十年返國阿必
鎭既長與部曲謀殺漁翁翁子蘇幹剌奔峭山與兵
報仇王子愬于朝十一年命鄭和往捕蘇幹剌至京
伏法王子感激貢方物甚夥諸書紀載如此惟吾學

編象胥錄則云殺漁翁者乃故王假子爲鄭和所擒其嗣封者蘇幹剌也二說不同然興滅繼絶當以前說爲正後其國數易姓萬歷中王國者乃大酋奴也奴爲大酋牧象酋甚親之酋爲王掌兵入見王甚恭奴曰王何恭曰王也奴曰王不欲耳欲之王矣因言王殿中左右數人耳王入見請屏左右密言事王必從奴直上刺殺王王可王矣酋從之奴遂刺殺王酋益德奴予以所掌兵他日奴又以其兵刺殺大酋而自立大治宫室其國男女椎髻裸體腰圍色布氣候

朝熱暮寒亦有瘴氣有油泉可取爲油有金島産五金币用金錢名底那兒錫錢名加失言語禮文與滿剌加相似風俗淳和惟酋長好殺殺人輒取血浴身其國一名啞齊有山連那孤兒黎代二國

那孤兒

在廣東瓊州府西南海中與蘓門答剌比相連風俗亦相同即花面國男女皆以墨刺面爲鳥獸形故名國小僅千餘家猓頭裸體單布圍腰上下自耕自食強不奪弱富不驕貧不盜稱善地焉

黎代

在廣東瓊州府西南海中隷蘓門答剌言語服

用皆同一小國也北際海南連大山西距南泥里東連那孤兒居民千餘家山多野犀王亦差人捕獲隨蘇門入貢

三佛齊　在福建泉州府東南海中居瓜哇真臘之間即舊港又名浡淋與占城爲隣南相距五日程有地十五州自瓜哇南向順風八晝夜至其朝貢自廣東王號詹卑國人多姓蒲唐天祐中始通中國明洪武初國王哈剌札八剌卜遣玉的力馬罕表貢方物賜大統歷其國初隸瓜哇後爲所并于舊港置小酋帀

易廣東南海商梁道明聚居積歲遂糾衆爲之長永樂二年命譚勝招之道明入朝以其衆屬施進而廣人陳祖義者亡命入其國與進爭長五年中使鄭和統海舶下西洋祖義詐降潛謀邀刼和覺擒俘京伏法以進爲舊港宣慰使其國水多土少部領得陸居餘架筏水中蓋屋其上土沃倍他壤語云一年種穀三年生金言穀多可貿金也市用錢布字梵書視王指環爲印習水戰人用香油塗身服藥刀不能傷遇敵敢死鄰國畏之按其地又在蘇門荅剌之東丁機

宜之西

百花　在廣東廣州府東南海中本役屬三佛齊或云即宋史注輦國依山爲國天氣恒燠如春多嘉樹奇卉四時葱鬱故名俗富饒尚佛教明洪武間朝貢今附舶香山墺貿易

滿剌加　在廣東瓊州府西南丁機宜之西占城之極南舊名五嶼又名麻六甲自舊港順風八晝夜至或云自東莞放洋至崑崙收龍牙門港二日程東南距海西北皆山山孤人少受制暹羅向未稱國明永樂

間求內附詔封國王諭暹羅無侵擾封其國西山為
鎮國之山御製碑文勒石系以詩曰西南距海中國
通輸天灌地億載同洗日浴月光景融兩崖露石草
木濃金光寶鈿生青紅有國于茲民俗殖王好善義
思朝宗願比內郡依華風出入導從張蓋幢儀文裼
襲禮虔恭大書貞石表爾忠爾國西山永鎮封山君
海伯翕扈從皇考陟降在彼穹後天監視久益隆爾
衆子孫萬福崇命蹇義書自是朝貢不絕優禮異于
他國其國氣候朝熱暮寒王白帛纏首衣青花袍躡

皮履男女椎髻短衫圍白布手巾膚黒漆間有白者
唐人種也出有黒虎或變人形白晝入市殺人龜龍
高四尺四足有鱗甲露長牙噬人立死又有屍頭蠻
賈舶至輙立門栅擊鼓祈以爲防護後其國爲佛郎
機所據

龍牙門　在廣東瓊州府西南海中與滿刺加相近山
門相對如龍角狀中通過船山塗田瘠米穀甚厚氣
候常熱男女椎髮短衫圍稍布南有涼傘礁以劫掠
爲豪遇番舶多駕小舟迎敵非順風罕有脱者

龍牙菩提　在廣東瓊州府西南海中與滿剌加相近周圍皆山排石壘門無田畊種但栽薯蕷爲糧氣候多暑又有龍牙犀角其地內平外尖氣候常熱田禾時熟男女亦椎髻俗淳厚以親戚尊長爲重一日不見則挾酒餚問安

龍涎嶼　在廣東瓊州府西南海中地近滿剌加浮灎海面每至春間羣龍來集其上交戲而遺涎沫番人駕獨木舟登嶼採取而歸其涎初若脂膠黑黄色頗有魚腥氣久之成塊或大魚腹中剖出若斗大圓珠

亦覺魚腥焚之清香酷烈貨于燕門市

東西竺　在廣東瓊州府西南海中山與龍牙門相望若蓬萊方丈之幽田瘠不宜稼穡歲籍淡洋米穀為食男女斷髮圍稍布又有九洲山與滿刺加接境產沉香黃熟明永樂間鄭和差官兵入山採香得壹有八九尺長者六株黑花細紋香味清遠番人駭嘆天朝威力古未有也

阿魯　在廣東瓊州府陵水縣西南海中自滿刺加順風三晝夜至其國土瘠產薄男子裸體圍稍布常駕

獨木舟入海捕魚或山行採米腦香物售賈舶明永樂時始通焉或云阿魯即啞魯也啞魯南界大山北是大海西界蘇門答剌東有平地可種稻穀從淡水港入即淡洋也淡洋與阿魯山接圍繞有港通大溪汪洋二千餘里奔流出海中一水清淡味甘舟人往來汲之田肥禾盛米粒小而香氣候俗尚與阿魯類國王及民皆回回人山有飛虎如猫大有肉翅如蝙蝠能飛不遠人有獲者不服家食即死按二國風俗不同未知孰是

柔佛　在廣東瓊州府東南丁機宜滿剌加之西彭亨之東一名烏丁礁林王服帶雙刀諸酋望見王棄刀于地和南序立字用茭草以刀刻之歲首四月地不産穀椎洗喜兵彭亨丁機宜之問殆無寧日

彭亨　在廣東瓊州府東南海島中柔佛之西暹羅之西一名彭坑石崖崎嶇旁多平原望之坦迤如塞土沃候温宜稼饒蔬果木城廣數里椎髻男裙富貴女子飾金圈四五于頂髮常八五色珠圈上下親神恥爲盜好須佛經尤尚怪刻香木爲神殺人血祭明

洪武中貢方物今附香山澳貿易或曰其國隣柔佛柔佛之副王精悍健鬥其子娶彭亨王女將婚副王送子之彭亨王張晏親屬畢會婆羅王子者贅于彭亨爲王妹壻時與習起爲壽手指一巨珠光耀異常副王心欲之王子靳勿予副王恚歸治兵攻彭亨王與婆羅王子犇金山會浡泥王以妹爲王妃率衆來援副王焚掠其宮室去彭亨王命長子攝國隨妃往浡泥久之歸而次子驍悍殺父兄自立有婆羅屬番曰毛思賊每掠人口海上賣彭亨充崑崙奴云

柯枝

在廣東瓊州府西南海中與錫蘭對峙一名阿枝耶古槃槃國也東連大山西南北皆海自錫蘭西北舟行一晝夜至王瑣里人也首纏黄白布上不衣下繫絲帨束絲纒腰國人椎髻短衫圍單布族有五種曰南毘與王同類祝髪線懸脛最貴次回回次哲地富有財次革全爲牙儈最下木瓜居海濱業漁樵爲傭役屋簷不得過三尺衣不蔽膝遇南毘哲地蒲伏俟其過乃起王尚浮屠敬象牛佛座周圍砌水溝傍穿一井每旦鳴鐘鼓汲水灌佛頂羅拜而退有曰

渴飢者胎髮縷縷垂後牛糞灰塗體行吹大螺妻隨
之乞食蓋優婆夷也氣候常煖無霜雪每二三月下
陣頭雨五六月晝夜滂沱八月半後方晴更無雨矣
諺云半年雨落半年晴即此市用小金錢名吧喃明
洪武中來貢永樂中王亦可里請封其國大山詔賜
王印誥並封山爲鎮國御製碑文曰朕撫治華夷擬
古帝王柯枝國遠在西南距海濱欣慕教化命令之
至拳跽鼓舞仰天而拜曰我國數歲以來安樂和煦
皆中國聖人教化所沾朕揆德薄不能致然其長民

者之應與既封亦可里爲其國王並封國中山爲鎮國之山勒碑其上垂于無窮系以銘曰截彼南山作鎮海邦吐烟出雲爲下國洪龎時其雨暘肅其煩熇作彼豐穰祛彼妖氛庇于斯民靡災靡沴室家胥慶優游卒歲山之墊兮海之深矣勒之銘詩相爲終始

是時太監鄭和至其國

小葛蘭　在廣東瓊州府西南海中柯枝之西訛名唄喃東連大山與柯枝接壤西南北皆海自錫蘭西北行六晝夜至王瑣里人其下多回回南毘男少女多

候熱土瘠仰榜葛剌國米爲食俗類錫蘭市用金錢大名儻伽小名吧喃羊青毛脚高二三尺黄牛有三四百斤者明永樂五年附蘇門答剌入貢又有大葛蘭與都欄礁相近土黑壤宜穀居民懶畊作賴烏爹米爲食男女纏頭穿長衫風俗大抵與小葛蘭同然小葛蘭朝貢大葛蘭獨否惡在其爲大也

木骨都束　在廣東瓊州府西南瀕海自小葛蘭順風二十晝夜至堆石爲城並壘爲屋高四五層廚廁待客皆在焉地曠田瘠或數年無雨穿井極深以羊皮

煑水俗嚚習射富者附舶遣賈貧者網魚爲食又有卜剌哇自錫蘭南去二十一晝夜至屋傍海築石城石屋男女衣食風俗與木骨都束類有鹽池但投樹枝良久撈起凝白鹽其上明永樂中俱遣使朝貢

古里

在廣東瓊州府西南海中自柯枝海行可三日至西洋諸番之會海中一大國也東通坎巴夷國北接狼奴兒國南距柯枝其國王亦有五等王南毘人不食牛將領回回人不食豬王不傳子傳弟否則傳外孫無外孫弟傳善行人國事皆決于二將領王以

銅鑄佛名乃納兒浴佛用牛糞塗地俗尚信義海濱
爲市哲地拍手定價不改算算用手足二十指分毫
不爽明永樂中王沙米的遣使朝貢遣鄭和封爲國
王建碑亭立石云去中國十萬餘里民物咸若熙皞
同風刻石于茲永樂萬世又有古里班卒在海中土
瘠穀少物產甚薄永樂中亦來貢

祖法兒　在廣東瓊州府陵水縣西南自古里西北行
十晝夜可至漢之大夏唐之吐火羅皆其國也東南
大海西北重山壘石爲城屋層如塔田廣而饒氣候

常如秋俗尚回回教王白布纏首金錦袍男子拳髮
長衣皮鞋女人出以布蒙頭面土產乳香乃樹脂也
市用金錢名儻加錢文人形明永樂甲王亞里遣人
朝貢按吐火羅其人與挹怛羅雜居俗事佛多男子
少婦人故兄弟通室婦人五夫則首飾戴五角十夫
戴十角男子無兄弟則與他人結爲昆弟方有妻生
子屬長兄衣服文字與于闐畧同城北有瑕璨山南
崖穴中有神馬國人每牧牝馬其側時產名駒皆汗
血焉事與大宛同藍氏城故大夏國都也史記大宛

傳大夏在媯水南其都曰藍氏城也薄提城今名薄底延城在國北周圍六十里與西蕃記小異

竹步 在廣東瓊州府西南海中與古里接境地廣而僻村居寥落城垣石壘屋砌高堆無霖雨絞車深井捕網海魚男女拳髮出以布兜産獅子雞有高六七尺者又有刺撒自古里舟行二十晝夜可至倚海而居壘石爲城屋連山廣地草木不生牛羊馬駝皆食乾魚因瘠少收惟麥略有氣候常熱數年無雨鑿井絞車馬皮袋水男拳髮女兜頭粧黠有事禱于鬼神

我彝有禮但永樂中入貢

忽魯謨斯　在廣東瓊州府陵水縣西南海中自古里開船西北風十晝夜可至明永樂間來朝貢駝雞如鶴長三四尺脚二指毛如駝行亦如之上命金幼孜賦焉其國邊海倚山壘石爲城屋土渥氏饒上下皆回回教一日禮拜三次喜歌舞惡殺風俗樸厚無貧者男拳髮長衫善騎射女編髮四垂漆頂出則布幔披頭靑紅紗蔽面婚喪悉依教規娶妻必置酒請加的加的者掌教官也或曰即忽魯母恩國按忽魯

毋恩在東南海中國小土瘠止產檀速胡椒永樂三年王遣臣巴郎丁朝貢其非一國明矣

天方

古筠鞨地舊名天堂又名西域自西南海中忽魯謨斯四十晝夜至乃西海盡處從陸路抵中國凡匝歲明永樂七年因鄭和往使以獅子麒麟來貢宣德中遣其臣沙瓛貢方物自是不絕俗用回回歷差三日四時皆春無霜雪田沃稻饒以馬乳拌飯日落爲市日中熱故也男削髮纏頭女編髮盤頭建寺稱天堂日初生拜天呼佛十二月十日各番畢至堂左

有司馬儀聖人墓以綠撒不沉寶石砌成旁有祖師傳法堂極整飾人無貧者按杜環經行紀大食國士女偉麗一日五時必禮天堂可容數萬人帀壓輻湊百貨豐賤大約與天方類楊愼謂天方即大食名號改移海外諸國皆然又西行一日城名蔦底納有馬哈麻聖人陵寢日夜豪光騰起墓後一井名阿必糝番人取水藏船中遇颶風灑之即息

錫蘭

在廣東瓊州府西南與柯枝對峙以別羅里爲界自蘸門答剌順風十二晝夜至古城極西可望見

焉番語高山為錫蘭故名或云即古狼牙須國在南
海中有翠藍嶼最高番名拔篤蠻大小有七門中可
過船傳聞釋迦佛經此浴于水人竊其袈裟佛誓云
後有穿衣者必爛皮肉由是男女削髮無衣以木葉
綴結前後明宣德七年鄭和泊船此山見山中人駕
獨木舟來貨椰實皆裸形故俗名赤卵塢過此山西
行七日至鸚哥嘴更三日至佛堂山有大磐石印足
跡三尺許相傳釋迦佛登此中有淺水不涸人以拭
面目曰佛水又西北陸行五十里抵王居王係瑣里

人尚釋重象牛飲牛乳不食其肉弑牛者罪死王宮民居旦必調牛糞塗地而禮佛地廣人稠百物富饒山産水晶青紅寶石黄鴉鶻石每大雨衝流沙中拾取之番人云山中有人祖阿聃聖人即盤古脚迹其寳石乃人祖眼淚所結也國人上祼下纒帨加壓腰去鬚留髮女椎髻腦後下繫白布飲食不令人見梁書所載狼牙修國風俗蓋相類云明永樂初鄭和奉敕往其王亞烈苦奈兒負固謀伏兵絶和歸路和先發衛校疾擊擒其王獻俘闕下釋之今江寧靜海寺

藏有佛寶即鄭和所取者

覽邦　在廣東瓊州府西南海中地近錫蘭漢䟽勒國也地多沙礫麻麥外無他穀俗好佛明洪武九年來貢宣德中附鄰境貢方物或曰其國好食人故覽邦港口無泊船者外有小嶼名妙沙牙望錫蘭山不遠

溜山　在廣東瓊州府西南海中番名牒幹自錫蘭南去順風七晝夜至其山四面濱海如洲天生石門如城闕中可過船大溜有八餘小溜無慮三千土人曰此弱水三千也舟人遇風入溜即溺人卒依山巢居

穴處拳髮纏首亦多裸形王頭目皆回回人婚喪禮悉依教門而行氣候常暖如夏市用銀錢產龍涎香明永樂中來貢

巴喇西　在南海明正德六年遣使沙地白入貢言其國在南海甚遠船行凡四年半被風飄至西南海面船壞又風飄八日至咭呤國住十二月又往地名秘得住八月又陸行二十六日至暹羅國住十二月以情白王賜日給與婦女四人住四年附番人奈林船入廣其所貢金葉表文木匣六枚祖母綠一塊珊瑚

四株琉璃瓶四把琉璃盞四箇瑪瑙珠胡黑丹

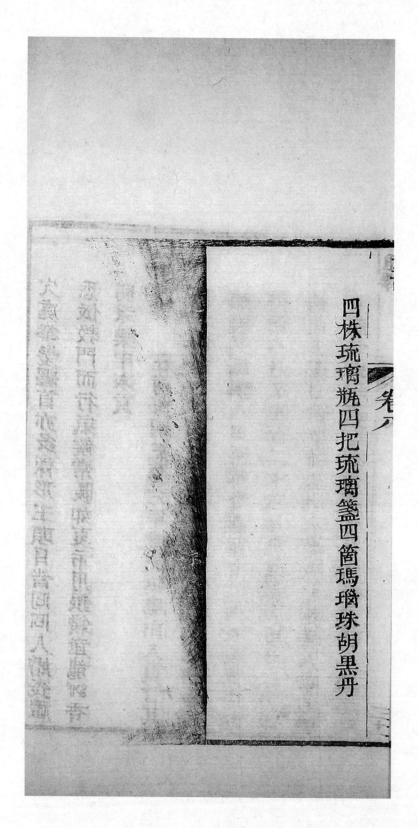